# La dernière découverte de M. Oseba

George W. Bell

Writat

Cette édition parue en 2024

ISBN : 9789359946696

Publié par
Writat
email : info@writat.com

# Contenu

# UNE NOTE.

Beaucoup considèrent la « préface » habituelle d'un livre comme d'une valeur discutable, mais la coutume peut justifier le maintien de son utilisation.

J'étudiais depuis longtemps l'histoire anglo-saxonne, mais jusqu'à mon départ en Australie en 1893, je n'avais vu que peu d'espoir de voir les aspirations supérieures de la race se réaliser.

En tant qu'individualiste, démocrate des démocrates, je considère que l'unité de la société est son facteur fondamental et, tandis que dans ces pays lointains, j'ai vu une vague reconnaissance de cette vérité, j'ai aussi vu la démocratie se fondre dans le socialisme. cela n'a pas satisfait à mes définitions.

Je suis arrivé en Nouvelle-Zélande au début de 1903 pour une tournée de conférences. J'ai été bien reçu ; et comme je ne pouvais jamais passer la nuit dans un endroit sans demander « qui a fondé la ville » et dans quel but, j'ai commencé une enquête sur la situation.

J'avais entendu et lu que cette colonie était « submergée par le socialisme » et « livrée au mensonge des extrêmes », alors j'étudiais la littérature, je me mêlais au peuple, j'assistais aux séances parlementaires et… prenais des notes.

J'ai trouvé dans la presse une large indépendance ; chez le peuple, une solide autonomie ; et chez les hommes d'État, le sentiment qu'ils étaient les serviteurs choisis du public, par qui un sentiment mûr devait être revêtu des formes et vitalisé par la force de la loi.

J'ai découvert que ce que les non-informés appelaient avec dérision le « socialisme » consistait principalement en une série de mesures de coopération, qui semblaient promettre non pas un « socialisme sans nerfs », mais la civilisation démocratique la plus solide jamais produite.

Dans mes rêveries, je passais en revue les vieux livres ; J'ai repris le chemin du progrès humain ; J'ai réévalué les luttes et les réalisations de la race anglo-saxonne et, comparant les conditions environnantes avec les forces sociales actuellement à l'œuvre, j'ai écrit.

Étant un « étranger », je n'avais aucun intérêt, sauf à voir mes théories longtemps chéries sur le chemin de la réalisation ; n'ayant aucune connaissance, je n'avais ni amis à flatter, ni ennemis à critiquer ; et, n'ayant aucune faveur à demander, il me fut facile, d'une manière libre et désinvolte, de noter mes impressions avec impartialité.

J'ai revêtu mon sujet d'un habit de fiction, afin de pouvoir arracher au lecteur les souvenirs de la lutte quotidienne contre des faits tenaces ; J'ai adopté un style que je croyais apprécié pour son audacieuse nouveauté, et, bien que les envolées éloquentes de mon personnage principal puissent paraître pittoresques, il ne fait qu'exprimer les impressions, les sentiments et, plus encore, les opinions de...

L'AUTEUR.

# SCÈNE I.

## ALLUSIONS NON CONCLUSIVES.

CECI étant une histoire vraie, avec les légères déviations nécessaires à la préservation d'un sens des proportions, il est jugé approprié de présenter avec désinvolture les personnages sur lesquels nous devons principalement compter pour la véracité ou non d'une aventure des plus romantiques.

Dans une telle introduction, l'éditeur, ou compilateur – le « je » dans ces pages – apparaît nécessairement, mais c'est au Chroniqueur lui-même, qui n'a aucune « licence poétique », que nous devons nous fier pour l'exactitude du récit.

Bien que sans mon aide cette étrange histoire aurait pu atteindre le monde, la manière dont elle est parvenue entre mes mains a fait de moi un "changeur de rideau", pour ainsi dire, dans les scènes, et dans cette tâche agréable, la fidélité sera mon seul guide.

Je n'étais pas « en route vers Damas », mais étant fatigué de tant d'errances et désireux de retourner le plus tôt possible au cher vieux Londres, à Marseille, je réservai pour Amsterdam sur le beau paquebot *Irène* - le voyage, cependant, devait être cassé pour un bref séjour à Lisbonne.

Il était minuit lorsque nous quittions nos amarres et quittions le port et, la mer étant agitée et étant un mauvais marin, je ne m'aventurai sur le pont supérieur que vers l'heure du déjeuner le lendemain. Je n'allais pas trop bien. La mer n'était pas calme, l'air était humide et froid et… eh bien… je n'étais pas heureux.

Les ponts étaient « peu peuplés » et alors que je zigzaguais lentement, dans un sentiment de solitude totale, levant les yeux, mon attention fut attirée par la présence de ce qui me semblait une silhouette familière. C'était la forme gracieuse d'un jeune homme grand et bien proportionné. Son visage était pâle, sa tête penchée en avant, il se penchait lourdement sur la rambarde tribord du navire, et j'imaginais que lui aussi n'allait pas bien. Je ne l'ai pas reconnu, mais la sympathie et la curiosité, et peut-être l'habitude, me conduisent à moitié inconsciemment à ses côtés. Je lui ai dit d'une manière apaisante : « C'est plutôt dur aujourd'hui. Il se releva un peu, se pencha un peu plus sur la rambarde du navire et fit un mouvement convulsif. Il n'allait «pas bien», mais se redressant plus droit, il se tourna légèrement vers moi et me dit ironiquement: «Merci, j'ai donc été informé.» Le « ton » de l'expression était méchant, car mes motivations étaient bonnes et ma conduite était aussi sage que l'occasion le suggérait.

Sa voix boitait pitoyablement, mais elle avait quelque chose d'ancienne familiarité. "Toi?" dis-je. Ma voix aussi avait pour lui quelque chose de vieille familiarité. Je l'ai regardé en face. Il a rendu mon regard. La reconnaissance était mutuelle.

«Léo Bergin!» dis-je.

"Monsieur Marmaduke!" a-t-il dit.

"Vous êtes venu rapporter des souvenirs impies", dis-je.


«Et vous êtes venu me faire des reproches», dit-il avec un ton d'agonie que je n'oublierai jamais.

« Non, dis-je, Léo Bergin, je donne la main. "Laissons le passé mort enterrer ses morts." Ne regarde pas avec tristesse le passé – il ne reviendra pas – mais avec un cœur résolu et une main forte, brave l'avenir, et tu trouveras une couronne ou une tombe. Liste – pas un autre mot du passé ; mais, Léo Bergin, qu'en est-il de l'avenir ?

« Tu es bon », dit-il en baissant la tête et en utilisant une bonne expression biblique, « mais je mérite mal ta générosité. »

« Liste, répétai-je, Léo, qu'en est-il de l'avenir ?

"L'avenir?" dit-il la tête baissée, les yeux baissés et la voix terriblement solennelle, l'avenir ? Parce que je connais le passé, je fais semblant de mourir ; parce que je ne connais pas l'avenir, je suis assez lâche pour vivre. Vous savez, mon ami, mon bienfaiteur, que j'ai du talent, de la beauté et de l'industrie, mais le monde, dit-il avec plus de tristesse, est contre moi.

Oui, j'avais déjà entendu dire que Leo Bergin avait « du talent, une belle apparence et de l'industrie ». En fait, Léo Bergin, dans une occasion mémorable, me l'avait lui-même avoué. Ah ! mes frères, quelle bonne opinion nous avons de nous-mêmes. Nous tous, hommes et femmes, pensons posséder du talent, de la beauté et des mérites sociaux ; mais ici s'arrête notre satisfaction personnelle, car le monde ennuyeux, que nous pourrions si bien servir, sans nous apprécier, nous sommes laissés en proie à la négligence et souvent au désespoir.

Ah ! mes frères, nous oublions que nous ne sommes pas des juges impartiaux ; que le monde est impartial et peut-être juste dans ses conclusions. Comme nous pensons bien à nous-mêmes ! Chez celui qui s'accorde volontiers avec nous, quelles nobles qualités d'âme et d'esprit nous découvrons ! Mais c'est bien, car la vanité, aussi stupide qu'elle puisse paraître, nous sauve souvent du désespoir.

Oui, Leo Bergin avait du talent, de l'éducation, une belle apparence et de l'industrie ; mais Léo Bergin, avais-je conclu de l'occasion évoquée, était erratique, « à court de bardeau » – en fait, pas « tout y est ».

« Mais, Léo, dis-je, où vas-tu ?

«À h…», dit-il d'une manière assez plaisante, d'un ton presque amèrement triste.

"Ah!" lui dis-je, préparez donc votre matériel et descendez au vieux Cadix, car c'est à la frontière.

Mais le clairon sonna pour le déjeuner, et l'association des idées conduisit Léo Bergin à sa cabane, et, avec une promesse maladive de « venir plus tard », je me retrouvais à méditer sur les événements étranges de la vie – événements qui conduisent souvent à de telles réunions. ; les rencontres, à leur tour, pour déboucher sur d'autres événements, encore plus étranges et intéressants.

### UN AMI DANS LE BESOIN.

Eh bien, mon lecteur, pendant que Léo Bergin est en bas, s'efforçant de faire des compromis avec sa digestion, je vais vous raconter quelques-unes de ses particularités, afin que vous soyez préparé à son merveilleux récit.

C'est le 10 janvier 1898, alors qu'il entrait dans ma chambre de Great Russell Street, juste en face du British Museum de Londres, que je le vis pour la première fois. Il a frappé doucement à ma porte ; il est entré dans ma chambre, tranquillement ; il s'assit familièrement et ouvrit promptement l'entretien. Je ne dirai pas que Léo Bergin, en cette occasion, n'était pas modeste ; Je dirai qu'il n'a pas hésité.

Si Léo Bergin était resté silencieux, j'aurais su qu'il n'avait plus d'argent, pas de chance, pas d'amis et était presque à genoux. Mais il doutait évidemment de mes facultés de perception, car, avec une franchise superflue et une volubilité éloquente, il me fit savoir qu'il ne souhaitait qu'un « emprunt » pour une courte période, jusqu'à ce qu'il puisse « se remettre sur pied ».

Ces histoires étaient très courantes. Ils avaient été très "prenants" avec moi, mais désireux d'éviter d'occuper une position similaire, j'étais devenu impatient et croustillant, peut-être un peu dur, alors j'ai regardé droit dans ses beaux yeux et lui ai demandé "de se lever". " immediatement.

Il se leva, me regarda en face, non pas avec défi ni humiliation, ni avec honte ni impudence, mais comme un homme. Il a dit : « Je suis à terre. » C'était évident, mais le fait de dire cela avec douceur m'avait toujours coûté cher, et, m'adoucissant à nouveau, je lui ai demandé qui il était et ce qu'il pouvait faire.

Il a dit : « Je suis américain ; Je suis né en Virginie, j'ai vécu en Californie, j'ai travaillé dans un journal en Nouvelle-Zélande et, en tant que journaliste, je suis à Londres et ailleurs.

J'ai faibli. L'homme qui était né en Virginie, vivait en Californie et travaillait dans la presse en Nouvelle-Zélande ne pouvait pas être totalement dépravé, car l'air même de ces trois endroits privilégiés conserverait un semblant de vertu.

«Je me rends», dis-je; "exprimez votre souhait le plus fervent et il sera exaucé."

Il a trahi peu d'émotion. Son visage resta placide, mais il dit : « J'ai du talent, de la beauté et de l'industrie, et je veux un emploi, je désire gagner ma vie. J'ai demandé un prêt, mais j'étais désespéré et je désirais remplacer mon revolver perdu afin de pouvoir « quitter ce rêve horrible qu'on appelle la vie » avant l'échéance d'une autre semaine de pension. Mais sous le charme de vos paroles, "un changement s'est produit dans l'esprit de mon rêve", et maintenant je dois vivre.

"Doit!" dis-je, vous affirmez ce « il faut » avec une telle insistance, peut-être me diriez-vous pourquoi vous *devez* vivre ? Pour ma part, je n'en vois aucune véritable nécessité, et pas des moindres.

Un nuage était sur son front. Il restait silencieux et immobile comme une statue.

« Courage, mon vieux, lui dis-je, car si tu désires gagner ta vie, je t'assurerai une place. »

Je savais qui voulait un homme « talentueux, beau et travailleur ». J'ai donné à Léo Bergin un costume de mes vêtements, juste un peu salis, je l'avoue, car, en effet, je n'ai jamais pu obéir à cette injonction divine de donner un manteau à mon frère, avant qu'il ne soit un peu sale. Je lui ai remis une lettre forte à un ami de Trafalgar Square, et Leo Bergin s'est mis dans une bonne position.


J'ai été appelé sur le continent pendant quelques mois pour un devoir important. Le temps a passé et quelques semaines plus tard, j'ai reçu une brève note.


« Trafalgar Square,<br>
« Londres.

« À mon Bienfaiteur,

« Le vôtre de… reçu. Heureux, tu le mérites. Je vais bien. Je pense que mon employeur est satisfait, mais je suis un peu inquiet.

" LÉO. "

« Du talent, de la beauté et de l'ambition, mais un imbécile, dis-je, et il ne s'en sortira jamais. »

Quelques semaines plus tard, une autre note arriva de « Trafalgar Square, Londres ». Celui-ci fut moins bref que l'autre. On y lisait : -

« Trafalgar Square,<br>« Londres.

"Cher Monsieur,

« Leo Bergin n'est pas à son bureau. Il s'est approprié assez d'argent pour lui permettre de prendre des vacances, et… il n'a laissé aucune adresse. Leo Bergin a du talent, une belle apparence et de l'ambition, dans une certaine mesure, mais il est évidemment un méchant. De toute façon, que saviez-vous de cet homme ?

" DOSSIER DJ. "

Il ne semblait y avoir aucun vague dans cette note, mais j'ai réfléchi. Que savais-je de lui ? Seulement, il était né en Virginie, avait vécu en Californie et avait travaillé dans un journal en Nouvelle-Zélande. D'un air songeur, j'ai dit : "Peut-être que le méchant a menti." Cela résolvait le problème pour l'époque, car il semblait plus probable qu'un homme doive même mentir plutôt que de se tromper avec un tel record.

Pour le moment, j'ai perdu tout respect pour Léo Bergin. Voler délibérément un employeur confiant est répréhensible, et si Léo Bergin ne s'était pas montré voleur en cela, il avait trahi un manque total de sens des proportions. C'était une facette du personnage de Leo Bergin.

Mais les erreurs, mes frères, n'établissent pas une dépravation totale, car il est rapporté « autrefois » qu'un gentleman, dans une occasion très grave, a tergiversé sur un fait très puissant, et lorsqu'il y a été confronté, « il a nié ». Lorsqu'on lui a demandé, « il a nié sous serment », et pourtant ce monsieur a laissé de bons souvenirs et a fait l'objet de bonnes paroles.

**ORAGEUX.**

Le vent redoubla de violence. C'était une nuit folle. La Méditerranée bleue était en colère, mais le bon navire s'élança comme un monstre provocateur. Pendant deux jours encore, les ponts restèrent inoccupés, sauf par les marins imprudents. Les tables semblaient « solitaires », car la tempête faisait toujours rage.

Les heures et les jours, qui semblaient être des semaines et des mois, s'écoulaient. Nous avons contourné le cap Vincent, quand aussitôt le vent a cessé, la mer était calme, le navire naviguait doucement, l'air était doux et les passagers, comme une partie du matin de la résurrection, apparaissaient en abondance sur les larges ponts propres et étaient heureux. .

*Le très honorable. RJ Seddon, PC, LL.D., Premier ministre, trésorier colonial, ministre de la Défense, ministre de l'Éducation et ministre du Travail. Depuis plus de onze ans, le solide leader de la démocratie la plus progressiste de tous les temps.*

Léo Bergin apparaît également sur le pont. Son sourire était faible, sa poigne était languissante, mais il parlait avec sérieux de steak de bœuf et de café, et je sentais qu'il allait « meilleur ». Le vieux Cadix avait été dépassé, et il avait évidemment décidé d'essayer un climat autre que celui suggéré précédemment. Nous nous sommes assis, nous avons discuté. Je devais quitter le navire à Lisbonne et terminer mon voyage par le prochain bateau à vapeur. Lui ?... Je ne savais pas. Étrangement, lorsque nous rendons service aux gens, nous ressentons immédiatement de l'intérêt pour eux. Peut-être nous sentons-nous quelque peu responsables de la conduite d'une telle personne. Peut-être aussi, et plus probablement, désirons-nous leur succès, afin de pouvoir nous attribuer un peu de mérite pour une « carrière heureuse ».

J'avais rendu service à Leo Bergin, je m'intéressais à lui et je lui avais demandé quel était son « avenir ». Son regard était amical, son sourire dubitatif ; il baissa le menton sur sa poitrine, tambourina sur un livre avec ses doigts gantés et dit : « Eh bien, j'ai fait connaissance avec un personnage mystérieux. J'ai du talent, une belle apparence et de l'ambition, mais je suis un paria et je me lance dans une nouvelle aventure. Vous connaissez l'épisode Folder et, pour être franc, après un examen sérieux de l'affaire, je remets en question le bien-fondé de mon action, et maintenant que l'argent a disparu, j'ai de nombreux scrupules de conscience.

Je n'étais pas peu surpris, mais j'étais heureux de découvrir qu'il croyait avoir un peu de conscience, car comme « la conscience fait de nous tous des lâches », j'espérais sa réforme.

Nous nous assîmes côte à côte, et, posant fermement sa main fermée sur mon genou en guise d'emphase, il dit : « Oui, j'ai fait une nouvelle connaissance, celle d'un personnage mystérieux, et je m'attaque maintenant au plus téméraire, le l'entreprise la plus risquée, la plus irrationnelle et la plus romantique jamais entreprise par un mortel, et si je réussis, vous aurez de mes nouvelles ; mais si j'échoue, l'oubli réclamera Léo Bergin, et sa réclamation sera promptement accueillie. J'ai fait ma nouvelle connaissance et formé mes nouveaux projets hier, et je me trouve à l'aube du rêve le plus enchanteur qui ait jamais entraîné un homme sensé vers la ruine.

Je l'ai supplié de raconter son histoire, mais il a répondu : « Vous êtes un homme pratique, et vous considéreriez mon entreprise comme si sauvage et visionnaire qu'elle indiquerait une folie, car vous ne me considérez pas comme un imbécile. Si j'échoue, seule une autre feuille, dont la tige est pincée par le gel, flotte jusqu'au sol pour fertiliser le sol. Si j'échoue, le monde, sauvez-vous, ne connaît pas ma folie. Si je réussis, les faits que je révélerai seront plus étranges que la fiction, et les résultats de mon aventure rejailliront à la gloire du pays que j'aime.

« Quelque malade que j'étais, continua-t-il, j'ai commencé mes notes hier, 5 octobre 1898, au large des côtes espagnoles, et je garderai un compte rendu fidèle de mes faits et de mes observations. Si je survis, ce qui est peu probable, je vous retrouverai et mettrai mes notes à votre disposition. Si je péris, si possible, vous les ferez descendre jusqu'au dernier souffle, et à chaque page vous aurez la preuve de ma gratitude et de mon intégrité.

«Mais dites-moi», dis-je avec impatience. Ici, le coup de sifflet a retenti, nous avons vu toute la confusion et nous entrions dans le port de Lisbonne. Il était temps de donner plus d'explications, il n'y en avait pas. Nous nous séparâmes, moi pour suivre des plans bien établis pour les affaires et les loisirs, lui... eh bien, pour moi, c'était une énigme insoluble ; mais je n'ai jamais perdu la foi que, à un moment donné et à un endroit donné, Léo Bergin reviendrait.

# SCÈNE II.

## LEO BERGIN « ARRIVE ».

DEUX années s'étaient écoulées, et malgré toutes mes professions d'intérêt et d'estime, pendant une année entière, Léon Bergin ne m'était pas venu à l'esprit, et pendant ces deux années entières, il n'avait que très peu occupé mes pensées. En fait, sauf une fois où DJ Folder, en plaisantant indulgent, m'a dit qu'il avait besoin d'un homme et m'a demandé si je pouvais recommander un jeune homme avec « du talent, de la beauté et de l'ambition », pour le poste, je ne m'en souviens pas. ayant pensé à Léo Bergin.

L'absence efface la mémoire. Ah ! à quelle vitesse nous sommes oubliés. Nous passons notre bref temps sur cette scène grandiose, pensant que nous sommes nécessaires au succès ou au plaisir du monde, mais lorsque nous tombons dans une poussière insensée, tous, sauf quelques-uns, continuent joyeusement leur chemin, et même eux, en un jour ou quelques jours. , séchez leurs larmes et rejoignez à nouveau la foule joyeuse.

Plus tard, à l'automne 1900, je fus appelé à Copenhague pour affaires et, après y avoir fait la connaissance d'un médecin éminent, je fus invité à visiter l'un des principaux hôpitaux.

En parcourant les différentes salles, nous apprîmes que plusieurs nouveaux malades venaient d'entrer, amenés d'un navire revenant d'un voyage au pôle Nord. Cela satisferait une certaine curiosité, et bientôt nous fûmes parmi les nouveaux patients. Il y en avait une douzaine en tout, pour la plupart des Russes, des Finlandais et des Danois, mais d'un côté de la salle nous remarquâmes deux types pâles qui conversaient en anglais.

Instinctivement, je me suis dirigé vers leur présence, quand, à mon grand étonnement, me regardant sérieusement, j'ai reconnu le visage triste et pitoyable de Leo Bergin, émacié et en mauvaise santé.

Ses yeux s'éclairèrent légèrement, il sourit faiblement et tendit une main faible et chancelante pour rencontrer la mienne, en guise de salutation amicale. Il y avait du temps pour les sourires de joie décroissante, du temps pour les soupirs et les larmes de pitié, mais pour les mots, le temps était presque passé, car Léo Bergin était proche des portes nacrées.

« Asseyez-vous près, dit-il, asseyez-vous près, car je navigue vers un autre port, et bien que je ne connaisse pas la nature du climat, il ne peut y avoir rien de meilleur et rien de pire que ce que j'ai eu dans ce monde. alors laissez la tempête hurler et le navire plonger, je ne me plains pas.

En disant cela, il se retourna légèrement sur son lit, et passant une main fine sous son oreiller, il en sortit un paquet enveloppé dans une peau douce et noué avec de la ficelle.

« Voilà, dit-il faiblement, ceci raconte toute l'histoire. Ce sont toutes de bonnes choses, mais je les mets à votre disposition. Si vous pensez que c'est mieux, vous pouvez le résumer, et si vous en faites quelque chose, eh bien, payez Folder, car j'ai passé un bon moment avec son argent, et maintenant j'ai de quoi survivre. Je ne sais pas comment, mais d'une manière ou d'une autre, je savais que je devrais te trouver, et ceci : tout est vrai, mais les rêves de fiction n'ont jamais rien révélé d'aussi étrange.


J'avais envie de quelques minutes de plus, mais la forme de Léo Bergin gisait mollement sur le lit. Ses mains étaient relâchées, son front était d'une pâleur mortelle et ses lèvres remuaient lentement en murmures inaudibles. Je lui touchai la main, car j'avais besoin d'un mot de plus, et comme il parut légèrement reprendre vie, je dis :

« 'Dis à mon âme, chargée de chagrin', où étais-tu ?

Il s'éveilla un peu, sourit et, désignant le paquet, dit d'un ton haletant : « Tout est là, tout là, et je… eh bien, je suis allé au « Symmes » Hole », et quand j'ai regardé de nouveau ce placide face, l'âme de Léo Bergin avait navigué vers l'autre « Port ».

## AJUSTEMENT DES RIDEAUX.

Léo Bergin, avec propreté et rapidité, fut confortablement enterré, moi-même étant le principal pleureur, et « après la fièvre intermittente de la vie, il dort bien ». J'étais impatient de connaître le contenu du paquet, mais désireux de jouir d'un loisir parfait, tout en perçant le mystère si intensifié par le sérieux de Léo, je l'ai rangé à contrecœur pour attendre mon arrivée à Londres.

Le temps passait.

J'étais de retour dans mes anciens quartiers de Great Russell Street, à Londres. Le temps était si froid, si sombre et si brumeux, qu'à quatre heures j'avais allumé le gaz. Le feu brûlait paresseusement dans la petite grille. La pièce n'était pas inconfortable, mais en harmonie avec l'environnement sombre. J'ai été touché par un sentiment de solitude déprimant. J'ai arpenté l'étage peu vaste, j'ai regardé à travers l'obscurité dans les rues faiblement éclairées, j'ai encore fait les cent pas, j'ai allumé un cigare, je me suis assis et j'ai réfléchi.

Renversés dans un fauteuil, regardant en rêve les gracieuses couronnes tourbillonnantes de ma consolante Havane, mes pensées au hasard s'envolèrent sans but, pour rassembler les souvenirs de jours disparus. Puis, comme de joyeux jeunes gens en vacances, arrivaient en troupe les incidents occasionnels d'une vie facile, ma dernière visite à Venise, ma course à Marseille avec la compagnie de Monarco, le voyage orageux le long des côtes d'Espagne. Ah ! ici, en chair et en os, avec une forme sobre mais athlétique, un visage pâle et érudit, un sourire agréable mais plutôt mélancolique, une voix douce et cordiale, surgit Léo Bergin ; une pensée! La forme disparut, mais le « colis » était plus substantiel, et je déballai en toute hâte ma malle et la sortis, telle qu'il me l'avait remise au complet trois mois plus tôt.

Avec un frisson de douleur et de plaisir mêlés, j'enlevai la ficelle grossière et déroulai l'emballage en cuir. Mon cœur battait d'émotion, ma main tremblait, mais mes yeux avides voyaient un grand rouleau de manuscrit soigneusement lié avec du ruban adhésif familier.

Même si je n'avais même pas un aperçu de la nature de ces notes, je n'ai même pas deviné, ni tenté de deviner, leur caractère. Je savais que Leo Bergin, de son vivant, avait du talent et de l'ambition – je ne laisserai pas de côté sa beauté pour cette occasion – et je savais que c'était une « trouvaille » des plus intéressantes, sinon importante.


En réfléchissant à la situation, alors que j'enlevais tranquillement tout revêtement excédentaire ou superflu, un petit morceau de papier sale et froissé tomba sur le sol, et en le ramassant, je ne fus pas peu surpris de voir qu'il s'agissait d'une note particulière. Il était écrit d'une écriture faible, mais lisible, et se lisait ainsi :


« Nulle part
», novembre 1900.

« À quiconque trouve l'intérieur, –

« Comme je rends mon dernier soupir et que j'ai un peu hâte de partir, je vous prie de vous adresser immédiatement à Sir Marmaduke, Colonial Club, Whitehall, Londres.

" LÉO BERGIN.
«Richmond Virginia, en retard du trou Symmes.»

C'était une autre facette du personnage de Leo Bergin. Mentalement, j'étais dans ce que l'on peut, je pense, avec une certaine convenance, appeler un état de confusion profondément intéressée. J'ai déroulé et exposé pour voir l'ensemble du paquet. C'était volumineux. Il était composé d'une vingtaine de tablettes d'écriture, chacune comportant un grand nombre de feuilles minces, au format papier. Ces tablettes étaient numérotées consécutivement, les pages étaient écrites étroitement sur un côté, les premières étant d'une écriture ronde et soignée, l'habileté s'affaiblissant plutôt à mesure que le travail avançait.

*Le député. Sir Joseph Ward, KCMG, secrétaire aux Colonies, ministre des Chemins de fer, ministre du Commerce et de l'Industrie, ministre des Postes, des Télégraphes, ministre chargé des stations touristiques et sanitaires et ministre de la Santé publique. Plutôt complexe, mais les capacités de Sir Joseph sont aussi polyvalentes que ses fonctions sont variées.*

J'étais trop désireux d'une inspection générale pour examiner délibérément une partie ou un élément particulier de l'ensemble, mais il y avait une masse suffisante de ce qui, grâce à des méthodes minutieuses, semblait constituer un gros volume.

Mais le mystère s'approfondissait encore. Où, dans quel but et dans quelles circonstances les travaux ont-ils été réalisés ? Il y avait ici et là d'étranges noms de lieux, d'étranges personnages et d'étranges événements enregistrés. Léo Bergin était-il fou ? ou y avait-il en fait quelque part des événements passagers qui nous étaient effectivement plus étrangers que la fiction ?

Mon cigare s'est éteint, le feu a « emboîté le pas », j'ai regardé ma montre avec une certaine impatience, et elle indiquait que les « petites heures » étaient arrivées. J'étais perplexe, j'ai parcouru le sol et, regardant dans la rue, j'ai vu comment les rafales de vent chassaient la neige et la neige fondue avec la fureur d'un démon. Je frémis en arpentant le sol, mais comment pourrais-je percer le mystère, le mystère qui me rendait perplexe ?

"De retour dans ma chambre, toute mon âme en feu," répétai-je, "Où est la clé?" car Leo Bergin avait du talent et de l'ambition, et même s'il semblait erratique, il n'était pas un rêveur visionnaire. Même si Leo Bergin manquait du sens des proportions, même dans ses faiblesses, il était pratique et avait au moins un œil sur la principale occasion.

"Non", dis-je, "Léo Bergin n'était pas un rêveur", il n'avait pas de modes, pas de superstitions et peu d'imagination, et c'était un vrai bohème. Il avait un « nez pour l'actualité », un génie pour le travail et un amour de l'aventure que tous les démons d'Hadès et d'Hadès ne pouvaient contrecarrer.

Mais comment percer le mystère ? Où diable avait-il été pendant deux longues années ? Qui était Symmes ? Et si Symmes avait un trou, où était-il ?

Ici, je me suis arrêté – une idée m'a frappé. «Je suis un imbécile», dis-je, mais je m'extasierais si quelqu'un de moins informé de ma faiblesse le disait. Ah ! Je l'ai. Le voici, car il me dit, à notre départ, en me le remettant : « C'est un compte rendu des faits et des événements de chaque jour. » Oui, et il dit, lors de notre départ à Lisbonne : « J'ai fait ma nouvelle connaissance et j'ai établi hier mes plans pour l'action future. J'ai commencé mon travail, je tiendrai un compte rendu véridique des faits et des événements de chaque jour et, à mon retour, je le mettrai à votre disposition.

« C'est clair, tout est là, et demain je commencerai, dis-je, à démêler cette mystérieuse histoire.

# SCÈNE III.

## UNE HISTOIRE ÉTRANGE.

« DEMAIN » est arrivé. Le monde extérieur semble heureux d'être en vie. Moi, le rédacteur, habitué à l'aisance mentale et au confort physique, je suis confronté à des tâches déroutantes. Mes factures sont payées, ma santé est bonne et mon esprit est clair, mais, foutue idée de travail ! Je n'ai jamais aimé le travail et je crains que même la coutume ne me réconcilie avec la corvée. Mais le devoir m'appelle, et jusqu'à présent, le devoir ne m'a jamais fait appel en vain.

Moi, le rédacteur en chef, rappelez-vous, j'ai honte d'avoir oublié Léo Bergin pendant deux longues années ; J'ai encore plus honte d'avoir failli oublier le paquet dont le contenu peut faire plaisir à bien des âmes curieuses et soucieuses, car, en fait, je me sens réprimandé même par la présence de cette preuve d'une ferme détermination, si manquant de moi-même. En fait, je sais, quand je veux être sérieux, que Léo Bergin, avec son ambition inquiète, son industrie infatigable, son courage intrépide, son amour téméraire de l'aventure et sa détermination presque folle à allumer un peu plus de lumière, avec tous ses défauts, valait pour son espèce plus qu'une légion d'oisifs heureux, qui, comme moi, étaient nés dans la richesse et traînaient indolemment dans le doux giron du luxe, insouciants aux chagrins et aux joies de l'humanité commune. .

Eh bien, en guise de compromis avec ma conscience - je pense que ce doit être ma conscience, car la sensation est nouvelle pour moi - je suis déterminé à percer le mystère de l'absence de Léo Bergin et, si dans la masse de matière travaillée, il y a une pensée ou un fait ou une idée digne de ses belles réalisations et de ses conflits insensés, le monde trouvera une compensation pour ses nombreuses erreurs.

Avec un environnement confortable, un feu joyeux, un fauteuil, un bureau et une table pratiques, de bons cigares, une grande bibliothèque, un nouveau sens du devoir, une industrie éveillée par le remords, et avec un profond sentiment de responsabilité, je commence mon travail, sentant que la suggestion du passage de l'auteur mourant au « résumé » a considérablement augmenté les difficultés auxquelles je suis confronté.

Je suis parfaitement conscient que notre époque a soif de fiction, alors que je n'ai pour sa patience qu'un récit simple et sans fard. Je connais le goût des périodes gracieuses, alors que je ne peux prononcer que des phrases laborieuses, et je sais que les critiques ne veulent que la « viande », alors que je dois implorer l'indulgence d'un épanouissement occasionnel.

Pour le moment, je vais du moins « résumer » le contenu des nombreuses notes de Léo Bergin. En cela, je peux lui faire une injustice, mais je m'épargnerai beaucoup de travail et de soucis mentaux.

De Léo Bergin, je parlerai bien. Il est mort – et selon la philosophie du monde, nous devrions parler avec bienveillance des morts. Quelle vile philosophie ! Pourquoi ne pas parler gentiment des vivants ? Pourquoi raillons-nous, harponnons-nous et insultons-nous l' âme égarée, jusqu'à ce qu'elle tombe dans une poussière insensée, et alors, lorsque nos flèches empoisonnées ne piquent plus, nous sentons-nous contraints de « parler gentiment des morts ! »


Oh! mes frères, soyez bons avec moi tant que je suis en vie ; vous pouvez m'encourager, m'aider, me sauver, et quand je serai mort, vous aurez une invitation permanente à mes funérailles, et vos langues ne me chagrineront pas.

Mais, adieu, rêverie indolente, adieu spéculation rêveuse, adieu facilité et gaspillage insouciant d'heures précieuses, et bienvenue au labeur, car je vais faire pénitence, alors bienvenue au travail fastidieux, et bienvenue à toi, masse confuse de papier gâté et froissé, car je J'ai hâte de libérer les mots ailés, tenus si sacrément dans votre emprise périssable.

C'est un étrange mystère, le pouvoir des mots. La vie est en eux, et la mort. Un mot peut envoyer le courant cramoisi se précipiter vers la joue, se précipiter avec de nombreuses significations, ou peut le tourner, froid et mortel, vers le cœur. Et pourtant, un mot n'est qu'un souffle d'air qui passe. C'est joli – j'espère que c'est original, mais je crains que ce ne soit pas le cas – mais ici commence le journal, un compte rendu complet des actions et des observations de Léo Bergin pendant deux années mouvementées. Où est le numéro un ? Ah ! voilà, quelques petits vieux draps froissés que je n'avais pas vu. Le numéro 1 est assez clair. Il commença par cela et déposa sa réserve de papier plus tard. Je citerai *textuellement* les premières pages, car elles peuvent fournir la clé de l'ensemble.

Eh bien, c'est le début de cette carrière, j'espère intéressante. Cela commence:-

« En mer, à bord du paquebot *Irène* ,
« Au large de l'Espagne », 5 octobre 1898.

"Une tempête terrible! Le commissaire de bord a déclaré que nous étions en « danger imminent ». Danger! comme c'est excitant ! – si un homme n'était pas si malade. Une tempête terrible! Mais, comparée à mon âme tumultueuse, la Méditerranée en colère est toujours.

«Je regrette d'avoir rencontré Sir Marmaduke. Il m'a fait une gentillesse; J'ai bien servi Folder; Lucile et moi, pauvre aventurier, sommes devenus amis. *Le Times* voulait que j'aille en Arménie ; J'ai emprunté l'argent au jeune Folder en l'absence de son père ; le jeune Folder, semble-t-il, a pris l'argent du coffre-fort de l'entreprise ; il est tombé en disgrâce auprès de son père, m'a accusé, et... eh bien, Folder, Sir Marmaduke et cette chère Lucile, me prennent tous pour un voleur. Que la vieille Méditerranée hurle, que ses vagues montagneuses labourent le sol, jusqu'à ce que tous les ossements de tous ceux qu'elle a tués soient rejetés et jetés sur les rivages de la sanglante Espagne, et jusqu'à ce que les colonnes d'Hercule soient arrachées de leur base, et je le ferai. riez des humeurs irritables de la nature et descendez en souriant avec les décombres vers la mort et la nuit éternelle. Mais malheur au jeune Folder ! et, sans Lucile, je lui apprendrais le sens des proportions. Sir Marmaduke saura un jour qu'il ne s'est pas trompé sur moi — et sur Lucile — enfin, peut-être qu'elle préférerait me considérer comme un méchant plutôt que de savoir que son frère en était un.

Bien bien! "Oh, mon âme prophétique!" Léo Bergin, pardonne ! Alors, Léo n'était pas un voleur, et moi, comme un vulgaire imbécile, maintenant que la vérité est éclatée, j'aurais dû savoir que Léo Bergin, avec ses belles connaissances, sa superbe vanité et son indifférence à l'égard de la richesse, ne pouvait pas se tacher les mains de déshonorer. C'était sûrement une démarche insensée, à un tel moment, que de mourir Léo Bergin. Quelle belle matière pour un roman ! Mais nous n'avons jamais de romance. Il continue:-

« Ce matin, j'ai découvert que j'avais un étrange compagnon de cabine. Physiquement, il est le plus beau type de beauté virile que j'aie jamais vu ; et, mentalement, il semble au-dessus de notre nature humaine commune. Qu'il ne soit pas idiot, c'est certain, qu'il n'est pas fou, j'en suis assez persuadé, et qu'il se trompe, cela paraît peu crédible, pourtant mesuré par toutes les connaissances supposées de notre génération, par les démonstrations de la science et les calculs de l'humanité. penseurs, il dit les absurdités les plus flagrantes. Sa splendide personnalité, ses manières faciles et gracieuses et son intelligence générale intéressent ; son « don sublime de bavardage éloquent », sa logique apparente et ses idées insinuantes sont charmants, mais l'apparente audace, pour ne pas dire l'audace de ses déclarations, étonne. Mais pour moi, il est invincible ; et pour le meilleur ou pour le pire, le succès ou l'échec, la vie ou la mort, j'ai jeté mon sort avec lui.

« Le soir, plus tard. Étrange expérience : les tempêtes ne me font aucune terreur. Étrange! mais ce mystérieux compagnon de cabine m'a captivé. J'étais tellement abasourdi par ses déclarations impossibles et ses prétentions extravagantes, et par toute son indifférence absolue quant à notre incrédulité, que j'ai cherché refuge dans la chambre du capitaine, et ici, écoutant un récit intéressant, j'ai passé quatre des heures les plus passionnantes de ma vie. ma vie.

« Le capitaine est certainement un gentleman de qualité supérieure. Il a de fines connaissances en astronomie, il est maître en géographie et connaît profondément les sciences physiques plus larges et plus générales, et pourtant, en présence de cet étranger, comme il ne semble en aucun cas de notre monde commun à notre compréhension, il est muet d'étonnement.

« Cet être étrange, sûrement un homme, car il mange, boit et fume, et pire encore, il ronfle, dit qu'il s'appelle Amoora Oseba, qu'il vit dans une grande ville appelée Eurania, dans un pays appelé Cavitorus, et que son peuple est appelé Shadowas. Sauf que l'esprit s'égare avec un effort inconscient pour localiser ce pays, cette ville et ces gens, cette affirmation semble banale.

« Mais où est Cavitorus ? Où se trouve la ville d'Eurania ? et qui diable sont les Shadowas ? Sauf qu'il pourrait être considéré comme un échantillon supérieur, cet Amoora Oseba – qui sonne arabe – pourrait facilement être pris pour un Russe, un Danois, un Écossais ou un Yankee. Mais d'où venait-il ? Laissez-le nous le dire.

« Sur la suggestion du capitaine, je l'ai invité dans la cabine avant, où, assis autour d'une table, notre hôte, le chef mécanicien, un marchand de Boston, un pasteur, mon compagnon de cabine et moi-même, avons été accueillis pour une enquête intéressante.

« Les instruments ayant été apportés et les verres remplis, le capitaine regarda le visage de M. Oseba et dit sur un ton viril et professionnel : 'Nous nous sommes intéressés à vous, M. Oseba, et même si vos déclarations nous semblent des plus stupéfiantes , nous vous avons invité dans ma cabine, afin de vous persuader de nous donner quelques explications sur vos étranges théories ; et en guise d'introduction au sujet, je vous prie de vous demander de quel pays vous êtes originaire et quelle est votre destination ?

« La question semblait rationnelle, et pour la plupart des hommes, avec quelle facilité il était possible d'y répondre ! Mais c'était là une nouvelle expérience. Tous les regards étaient tournés vers le visage beau, intelligent et sérieux de mon nouvel ami et compagnon de voyage, et il a déclaré : « Le mystère se trouve juste au-delà de l'horizon visible du connaissable. Parce que j'ai exploré les domaines de votre horizon mental et visible, chacun de vous pourrait facilement me répondre à une telle question, et à la satisfaction de tous ; mais comme mon pays se situe au-delà de votre horizon mental et visible, je ne peux répondre que par une explication, en déplaçant ou en avançant de telles lignes.

« Ici, Amoora Oseba a pris un globe dans sa main et a fait remarquer qu'en tant qu'hommes instruits, ils considéraient cela comme une « présentation contrefaite » ou un modèle du monde dans lequel ils habitaient. Il a expliqué que pendant des millions d'années, nos ancêtres sont restés indifférents, puis se sont disputés sur la forme du monde qu'ils habitaient ; que dans des temps relativement récents, des hommes aimants se sont préparés les uns aux autres pour croire que le monde était rond, et qu'à une époque qui n'était encore qu'hier, les hommes les plus avancés n'avaient rien de tel qu'une conception correcte de la construction de l'Univers.

## LE PREMIER SEDDON ET SA FAMILLE POLITIQUE.

*De gauche à droite : les honorables CH Mills, WC Walker, CMG, RJ Seddon, PC LL.D., T. Duncan, J. Carroll, Sir JG Ward, KCMG, W. Hall-Jones, J. McGowan.*

« 'Autrefois,' dit-il, 'nos ancêtres croyaient que le monde était plat. Cette question a été considérée comme réglée pendant des milliers d'années. Pendant une période relativement brève, le monde a été considéré comme rond, comme une sphère solide. Ceci, pendant cette courte période, a été la notion « réglée ».

« Mais il nous a assuré que les propositions étaient également fallacieuses. Tout le monde avait envie de rire, mais il continua. Il nous a rappelé que nous croyions tous à la théorie nébulaire, selon laquelle notre Terre, ainsi que les autres planètes, avaient été ébranlées par le mouvement de rotation rapide du Soleil ; qu'au cours d'une révolution rapide, ces masses avaient pris des formes particulières à leur vitesse révolutionnaire, que les planètes avaient à leur tour rejeté des masses devenues satellites, et que cette forme était le résultat du mouvement, de la masse et du volume. Il nous a rappelé la tendance naturelle de la matière à s'envoler de la surface d'une roue, d'un cylindre ou d'un globe tournant rapidement.

«C'était le cas de notre terre. Alors qu'elle était encore une masse souple ou fondue, elle tournait très rapidement sur son axe, la surface se refroidissait et devenait rigide, et la matière fondue se contractait. Au cours de ce processus, l'intérieur en plastique s'est déplacé vers la croûte, la masse refroidissante prenant de moins en moins de place. Ainsi le centre s'est séparé, et notre terre est devenue, non pas un globe solide, comme on vous avait appris à le croire, mais un anneau ovale, une boule creuse, tournant rapidement comme le font les anneaux de Saturne, formés selon la même loi, mais en raison de la la masse dans son cas étant plus grande, la gravitation de l'intérieur maintenait la masse centrale ensemble comme une planète. « En effet, dit-il en prenant une grosse pomme à la main, si le trognon de cette pomme était enlevé avec un soin qui lui permettrait de conserver sa courbure propre, j'oserais dire « ovale », elle présenterait une forme exacte. modèle de notre monde. Alors le monde est creux, non solide, et il est habitable et habité sur l'ovale.

« Les membres du groupe se regardaient avec une curiosité amusée. «Symmès !» dit le capitaine ; « Hourra pour le vieux Kentuck ! » » dit le Yankee ; 'Logique!' dit l'ingénieur.

« 'Vous souriez', dit Oseba, 'mais un homme peut sourire et sourire, il peut même ricaner et avoir toujours tort.'

« Il avait l'air si tranquille, si digne et sérieux, que la légèreté cessa, et il dit : « En règle générale, les hommes acceptent leurs opinions toutes faites et ils ne recherchent que des preuves corroborantes. Lorsque Galilée a proclamé une nouvelle vérité, il a été réduit au silence par les sourcils froncés de l'autorité. Qui avait raison ? Quand Bruno proclamait une grande vérité, il était cuit, par autorité. Qui avait raison ? Tous vos écoliers d'aujourd'hui le savent.

« Mais lorsque Symmes avança une nouvelle théorie, parce que le monde était devenu plus tolérant ou moins sérieux, on se moqua de lui, tandis que ceux qui emprisonnaient Galilée, cuisinaient Bruno et ridiculisaient Colomb et Magellan, devenus insouciants, s'amusaient. en écrivant les régions du nord de Symmes sous le nom de « Symmes' Hole ».

« Eh bien, messieurs, dit M. Oseba, je viens de l'autre côté de l'Ovale, du « Trou de Symmes », et après cinq années de voyages constants et d'études approfondies parmi les peuples du monde extérieur, que nous appelons Outeroos, Je retourne au « Trou de Symmes », et ce jeune homme, se tournant vers moi, m'accompagne pour faire un rapport.

« Il n'y avait pas de gaieté, le capitaine tambourinant sur la table a dit : 'Ahem !' Le Yankee a dit, en me regardant d'un air interrogateur : "Eh bien, je suppose qu'il devra bien s'étouffer, et je pense que notre maison pourrait lui donner un équipement approprié", et l'ingénieur m'a dit : "en augmentant le le rideau est la partie la plus intéressante du spectacle.

« Mais cela est jusqu'à présent en dehors de notre expérience et de nos observations », a déclaré le bon capitaine.

« 'Pardon', dit le calme Oseba, 'les observations de vos hommes d'expérience n'ont fait que confirmer nos affirmations, bien que les preuves jusqu'à présent n'aient pas perturbé les hypothèses de vos théoriciens. Mais quelles sont les observations de vos hommes de dure expérience ? Cela nous amène à une autre piste d'enquête.

«Sauf par une question occasionnelle, le silence des auditeurs était resté intact depuis le début. Le sujet avait été profondément discuté, et comme l'heure se faisait tard, il fut convenu que l'on se réunirait immédiatement après le dîner du lendemain soir. Tous les visages semblaient désormais sérieux. Le capitaine remercia l'étranger et dit : « Nous nous sommes rencontrés pour nous moquer, nous sommes restés attentifs, nous nous retirons pour méditer. Demain soir, dit-il, nous vous interrogerons, notre digne hôte, avec un sentiment différent. Bonne nuit.'

« Quelle expérience unique ! Comme j'aurais aimé avoir Sir Marmaduke avec nous. Mais Sir Marmaduke pense que je suis un voleur et que je suis indigne de sa présence.


"Eh bien, au revoir le vieux jour,
je vais me jeter à terre et dormir mes soucis."

Par Georges ! c'est frappant. L'homme de « Symmes' Hole ». Ha! Ha! Eh bien, j'aurais aimé y être. Mais Léo Bergin me fait une injustice, car j'étais trop insouciant pour penser à son crime, ou à son prétendu crime, car, en effet, je l'aimais quand je le rencontrais, et en son absence, je ne pensais ni à lui ni à son ami. folie.

« Quels imbéciles, nous, les mortels ! » Nous nous inquiétons éternellement de ce que les autres pensent de nous, alors qu'en fait, chacun des « autres » est très occupé par ses propres affaires. Ce que « tout le monde dit » n'est généralement que ce que dit un intrus oisif, le monde occupé n'y réfléchissant ni ne s'en souciant. Mais Léo Bergin a pensé à moi, eh bien...

"Je donnerais les terres de Deloraine,
si Musgrove était à nouveau en vie."

Mais : « Jamais, plus jamais ».

Voyons ce qui suit, car c'est bien plus intéressant qu'une cour. Voyons voir :
le lendemain, je quittai le navire à Lisbonne, en réponse au courrier de
Hambourg. Voyons si je suis oublié aussi facilement que lui, et ce que
l'homme de Symmes' Hole avait à dire lors de la séance ajournée. Par mon
âme, c'est riche ! Les notes se lisent comme suit : -

« En mer, à bord du SS *Irene* ,
« Au large du Portugal », le 7 octobre 1898.

« C'est l'heure sainte de minuit, et le silence règne désormais sur un monde
immobile et sans pouls.


« Quelle journée mouvementée ! Dans le vieux Lisbonne, quelques heures
après avoir fait quelques achats – du papier pour contenir suffisamment de
choses pour surprendre le monde – j'ai vu Sir Marmaduke sur les marches
de la cathédrale ; il n'a pas répondu à mon salut. Si je vis, il me connaîtra
mieux. Si… oh, ce terrible « si » ! ce bref arrêt, qui dans tous nos espoirs
surgit pour nous consoler, ce bref arrêt qui excuse l'impuissance pour l'échec,
me glace.

« J'ai longuement discuté avec mon chef, Oseba, *à propos de* notre voyage
polaire. Étrangement, j'en parle avec franchise et je fais mes plans comme
s'ils étaient réels, et pourtant mon jugement se moque de mes rêves insensés,
car, en fait, ce doit être l'illusion d'un fou. Alors j'ai pensé à 16 heures...

"Plus tard.

« Aussitôt à huit heures, la fête d'hier soir s'est rassemblée dans la cabine du
capitaine. Tous assis à table, Amoora Oseba tendit de beaux cigares, les
verres furent remplis et le capitaine dit : « Maintenant, M. Oseba, nous
aimerions avoir de vos nouvelles, car si vous êtes fou, il semble y avoir
méthode dans ta folie. Si vous êtes un farceur, vous êtes un amuseur des plus
charmants, mais si vous êtes sain d'esprit et franc, pour le bien du monde,
vous devriez rester silencieux, seulement lorsque cela est nécessaire pour
vous rafraîchir en vue de poursuivre vos efforts.

« Le capitaine avait préparé un globe de six pouces en retirant le noyau axial
et en réduisant les ouvertures extérieures de manière à le laisser ovale avec
les courbes extérieures pour la commodité de M. Oseba dans la réalisation
de ses illustrations. C'était la « pomme » d'Oseba, la noyau retiré.


« En se levant, M. Oseba remercia le capitaine pour sa courtoisie, et levant le
globe, il rappela au groupe qu'il devait revoir les observations d'hommes

expérimentés à l'appui de ce qui était pour lui plus qu'une théorie. Il demanda à ses amis de fixer dans leur esprit la nouvelle forme de notre globe, car cela était important.

« Il a d'abord attiré l'attention sur le fait que toutes les régions de l'extrême nord du pôle polaire étaient riches en déchets ou restes de vie animale et végétale. C'était « réglé ». « Tous les navigateurs sont d'accord, dit-il, sur le fait que les animaux en hibernation, disons au-dessus de 80 ou même de 78°, se dirigent vers le nord pour hiverner ; et ce bois flotté vient du nord avec des fleurs inconnues des botanistes. Dans les hautes latitudes, des oiseaux et des essaims d'insectes viennent du nord au printemps, et les hommes de Tyson ont tué un grand nombre de ces oiseaux migrateurs pour nourrir son équipage. Dans les entrailles de ces oiseaux, on a trouvé des grains de blé non digérés, dont certains avaient été plantés et poussaient en Californie. Le grain de ce blé était trois fois plus gros et les saisons californiennes étaient trop courtes pour sa maturation. Or, d'où venaient les oiseaux, le blé et les insectes ? Clairement, du « Trou de Symmes ». Greely a trouvé que la glace n'avait qu'un mètre d'épaisseur à 82° et moins de deux pieds à 84°, de sorte que la glace ne pouvait pas supporter les bateaux, et de nombreux navigateurs signalent une mer polaire ouverte et des eaux très agitées aux hautes latitudes.

« Selon l'ancienne théorie, il faut savoir qu'aux pôles, l'étoile polaire serait – doit être – directement au-dessus de nous, ou au zénith. Mais en fait, tous les explorateurs polaires savent que l'étoile polaire est au zénith à environ 80°, et qu'à 83,4° on la voit loin vers l'arrière du navire. Si l'ancienne théorie était vraie, ce phénomène observé à 84° n'apparaîtrait qu'après qu'un navire aurait dépassé le pôle de dix ou douze degrés.

« Le fait est, dit-il, qu'en naviguant vers le nord par 84°, la rive est dépassée, la courbure est plus prononcée, et le navire plonge dans le « trou de Symmes ». De plus, à 82° nord, l'horizon se contracte très sensiblement au nord et au sud, et s'allonge énormément à l'est et à l'ouest. C'est à la limite, au point de courbure la plus prononcée.

« Bien que ces arguments ne fussent pas entièrement nouveaux pour le capitaine, ils le frappèrent avec une force nouvelle, et le groupe resta silencieux. En supposant avoir fait valoir ses arguments, le Sage nous assura avec assurance que la terre était creuse, avec des ouvertures aux pôles ; que les côtés équatoriaux ont environ 3 000 milles d'épaisseur ; que la surface du monde intérieur, comme celle du monde extérieur, est composée de montagnes et de plaines, de rivières et de lacs ; qu'elle possède des terres proportionnellement moins habitables, une zone équatoriale de quelque 2000 milles étant tout à fait inhabitable ; que de part et d'autre de celle-ci se trouve une ceinture habitable de largeur variable ; que du soleil et de ses reflets, et des phénomènes électriques, il y a beaucoup de lumière et de chaleur ; et qu'à environ 3 000 milles au nord de l'équateur, juste en dessous et en face du méridien de Greenwich, se trouve la ville d'Eurania, la plus belle et la plus opulente de cette planète, la capitale d'un grand et riche pays.

« Le silence régna pendant quelques instants, lorsque l'homme de Boston profondément intéressé, du ton le plus curieux et le plus sérieux, dit : « Mais, mon cher monsieur, comme nous sommes évidemment à peu près de la même classe de marchandises et que nous avons probablement été expulsés du même moulin, comment diable êtes-vous arrivés là-bas ? et comment diable en es-tu sorti ?

« Cette discussion, si savante, si complète, si logique, si éloquente et si sérieuse, devrait être préservée, jusque dans le ton et l'expression, mais je suis fatigué, et il est tard, et si… il y a ce « si » encore une fois, si je vis, rien de cette scène ne périra ; et si je ne le fais pas – et je ne le ferai pas – j'y aurai consacré suffisamment de temps, car tout sera probablement perdu, alors je vais le « résumer ».

"Eh bien, en réponse, Amoora Oseba a déclaré que c'était désormais une théorie bien établie selon laquelle, probablement en raison des oscillations périodiques de la terre, dont le cours et le caractère n'étaient pas encore compris, il y avait eu de grands changements dans la température de la Terre. régions polaires. L'abaissement et le recul des limites des glaces polaires, à des époques géologiques peu lointaines dans le passé, sont abondamment évidents. La température aux soi-disant pôles avait sensiblement varié, la ceinture de glace oscillait tellement que parfois la vie animale et végétale supérieure prospérait aux hautes latitudes, comme le montrent les abondants restes d'animaux intacts encore trouvés dans les champs de glace.

## UN JOLIE CONTE.

« Puis il raconta une tradition parmi son peuple, récitant que dans un passé très                    lointain                    —                    à une époque probablement où les régions polaires étaient plutôt tempérées et où la majeure partie de la race humaine était encore dans la barbarie – une petite tribu de personnes pacifiques habitait un une région fertile dans un monde ouvert, où l'horizon s'étendait dans toutes les directions.

« Le chef de ces gens aimables était une personnalité séduisante et autoritaire nommée Olif. Cet Olif avait une très belle fille, dont la mère, alors qu'elle cueillait des fleurs pour son enfant, avait été étranglée sur les ordres d'une reine envieuse et sans enfant. Le nom de la fille était Eurania, ce qui signifie « Rayon de Soleil ». Mais à mesure qu'elle devenait femme, elle ressemblait si fortement à son père et était si constamment à ses côtés, que les deux êtres semblaient ne former qu'une âme double, mais une seule âme, et bientôt le peuple idolâtra la demoiselle sous le nom d'Oliffa. Olif et Oliffa, le chef et sa fille, en tant qu'esprits gardiens, détenaient l'autorité suprême.

« Lors d'une grande fête, au cours de laquelle de nombreuses tribus et nations apparentées se réunissaient pour célébrer un événement historique, un sinistre chef d'une tribu guerrière est devenu amoureux d'Oliffa. Il la réclama comme l'une de ses épouses. Oliffa a refusé : il y a eu une ruée vers les armes et de nombreux membres de son peuple ont été tués.

« Le grand roi Oonah prit parti pour son chef guerrier. Oliffa fut prise de force, conduite à un autel à la vue de son peuple, ses chevilles furent chargées de chaînes, toute sa tribu fut condamnée à l'extinction, et l'on préparait le massacre général. Lorsque le roi, voyant Oliffa qu'elle était majestueuse, belle et sage à la fois, dit :

« 'Qu'Olif et sa tribu ne soient pas tués, mais bannis—bannis ; car il n'est pas bien qu'un si bon peuple périsse de la terre. J'ai parlé.'

« Mais Olif et ses partisans se rassemblèrent et les guerriers, s'unissant d'une voix de défi, répondirent :

« 'Même si nous n'espérons pas résister à la force de vos chefs sauvages qui voudraient nous expulser, nous nous battrons ici jusqu'à notre mort, sous le regard d'Oliffa ; et, dirent-ils d'une voix tonitruante, nous avons parlé.

« Oliffa, héroïque dans son désespoir, se releva de toute sa hauteur et, levant les mains pour implorer les dieux nationaux, d'une voix claire et sérieuse qui fit trembler le chef, dit :

« Non, mon père et mon peuple, ne mourez pas, mais vivez pour Oliffa, sauf un reste de la tribu d'Olif. Je suis Oliffa – la vertu humaine est plus grande que les rois ou la mort. Va vers le nord, demeure au creux de ma main, et, le moment venu, tu reviendras m'embrasser. Elle avait fini.

« La tête baissée et tristes, Olif et ses partisans se retirèrent et se dirigèrent lentement vers les régions inconnues du nord. Mais un groupe, avec le chef en colère Sawara, les poursuivit, et arrivant à la limite de la terre, Olif et sa bande se réfugièrent sur ce qui semblait être une petite île. Ici, ils repoussèrent leurs poursuivants, et bientôt ils virent s'élargir le canal qui les séparait du continent, et ils remercièrent leurs divinités pour leur délivrance.

"Mais hélas! ils découvrirent bientôt qu'ils étaient sur une banquise et se dirigeaient vers le nord en direction du large. Les provisions furent bientôt épuisées, ils prièrent leurs dieux, ils flottèrent et souffrèrent, et tandis que les plus faibles périssaient, on recourut au cannibalisme, car la folie s'emparait des désespérés. Les jours et les semaines passèrent, un brouillard impénétrable les enveloppa et ils se livrèrent au désespoir le plus total.

« Mais bientôt l'atmosphère devint plus douce, les déferlantes lointaines se firent entendre, le brouillard se leva comme un rideau, et voilà ! la terre était proche. Plus près encore, ils flottaient. La nuit est venue, la pleine lune brillait, mais elle ne s'éloignait pas de l'horizon, mais le long de l'horizon. Le matin arriva, lumineux et doux. La banquise était entrée dans un port étrange, et bientôt les rivages furent atteints. Cela semblait être une « belle terre » avec un sol fertile et un climat agréable.

« Mais un reste de la tribu pacifique d'Olif, dit-il, fut sauvé : neuf hommes, treize femmes et cinq enfants. Ils coupèrent des branches et bâtirent une habitation, et ils dirent : « Ce sera notre demeure. Notre ville s'appellera Eurania, en l'honneur de notre disparue, et nous y resterons jusqu'à notre retour auprès de la déesse Oliffa.

« Ce pays, dit Oseba, était Cavitorus. Ce peuple était les ancêtres de mon peuple, les Shadowas, et sur les rives d'un charmant port, ils ont construit la Cité d'Eurania, la plus belle aujourd'hui sur cette planète.

« À travers tous les âges, depuis la barbarie jusqu'à nos jours, dit Oseba, il y a eu une histoire persistante, une faible tradition parmi les gens, et une vague idée selon laquelle ils habitaient dans l'ombre, au creux d'un main, et que quelque temps plus tard, ou dans l'au-delà, ils retourneraient dans un monde supérieur, appelé dans les contes de jeunesse et par les superstitieux Oliffa, où les habitants sont appelés Outeroos - parce qu'ils habitent dans le monde extérieur.

Léo Bergin soliloque :

« Quelle folie étonnante ! et pourtant, je suis en route à travers les champs illimités de glace, de neige et d'ossements d'hommes morts, vers cette ville fantôme, Eurania. Courage! qui sait, car...

« Il y a plus de choses au ciel et sur la terre, Horatio,
que n'en rêve votre philosophie. »

« Eh bien, dit Oseba, ces quelques personnes étaient d'une race aimable, et un danger commun et un chagrin commun en avaient fait des frères. Alors les animaux de ce pays étaient nombreux, forts, aimables et faciles à apprivoiser ; les montagnes étaient accessibles, le climat doux et le sol si fertile que rien ne suggérait la sauvagerie. Toute la nature souriait et l'homme progressait paisiblement.

« 'Le peuple,' a-t-il poursuivi, 'a augmenté, il était prospère et heureux. Ils n'avaient pas d'ennemis, donc la guerre était inconnue. Les animaux de chasse ont été apprivoisés et l'agriculture est devenue une des premières occupations.

« Les traditions avaient été brisées ; derrière les gens, il n'y avait que des murs morts. D'interminables glaces et neiges, ainsi que le temps, les ont séparés du passé. Avec une industrie prospère, la population augmenta. Des colonies furent implantées le long des côtes intérieures et le commerce se développa. Il n'y avait pas de despotes à dépouiller, pas de superstition à détruire, pas de guerres à dévaster, pas d'oisiveté à gaspiller, et une richesse telle que les Outeroos n'en avaient jamais rêvé en résulta.

« Les terres étaient détenues pour le peuple, mais elles étaient limitées, et au fil des siècles, la population est devenue très dense. La civilisation et la science étaient arrivées, mais la population commençait à faire pression sur les moyens de subsistance. Des nations opulentes sont apparues, la richesse accumulée était grande, mais l'espace devenait rare. Pendant un certain temps, le génie inventif a contribué à résoudre le problème, mais les chagrins se sont multipliés à mesure que la lutte devenait plus facile. Bientôt, les nécessités suggérèrent des remèdes à des maux croissants, dont le non-emploi signifiait une destruction universelle.

« La population surpeuplée et les faibles et les difformes ont été 'éliminés'. Le remède n'était que provisoire, et peu à peu la pression devint encore plus forte. Au fil des siècles, tous les faibles, les sans valeur et les inaptes ont été stérilisés. La pression augmentait encore. L'État pourvoit alors à la prise en charge de tous les enfants, et seuls les plus aptes furent autorisés à devenir parents.

« Grâce à cette politique et à une gestion avisée, l'État est devenu la « mère universelle ». Les parents ne connaissaient pas leur progéniture, ni la progéniture de leurs parents, et l'amour de l'humanité et le devoir public devinrent les motifs inspirateurs de l'action humaine. C'est également dans le cadre de cette politique que les principales nations de Cavitorus, avec les Shadowas en tête, ont développé leur civilisation actuelle. Grâce à une telle politique, ils ont été capables d'adapter la population aux possibilités du pays et, tout en construisant leur opulent présent, ils ont développé le meilleur type de personnes mentalement, moralement et physiquement qui ait jamais habité cette planète.

« Oseba expliqua la rapidité du sol de Cavitorus, la longueur des saisons et des jours, avec leurs irrégularités particulières. Il a décrit les mouvements du soleil, son apparition à différentes saisons de l'année et pourquoi il ne faisait jamais complètement noir dans ces régions.

"Puis il récita une autre tradition, racontant qu'au moment où les gens atteignirent Cavitorus, l'étoile brillante Oree était l'"étoile polaire", qu'elle s'était progressivement éloignée, mais que dans environ vingt mille ans elle devait revenir à son ancienne position. De plus, au retour d'Oree – selon la tradition – les Shadowas seraient libérés de leur apparent isolement et retrouveraient leurs frères du monde extérieur en présence ou à la surface d'Oliffa.

« Vous voyez, dit Oseba, dans le développement de tous les peuples, leurs mythes et leurs héros sont fortement liés à la nature, s'ils ne sont pas les forces réelles de la nature, et tous ont pour base un assaisonnement de vérité.

« Les gens avaient observé Oree ; attendaient son retour et étaient à l'affût des signes du changement à venir ou, comme ils le disent, d'un « libérateur ». Ils croyaient, d'après cette tradition, qu'ils étaient à Cavitorus depuis vingt mille ans, et que la confiance en leur délivrance future était une superstition profondément enracinée, une foi et un espoir réels.

« Eh bien, Oree, vu de l'endroit où les premiers « pèlerins ont débarqué », comme l'indique un sommet sur une montagne lointaine, est apparu il y a environ vingt-cinq ans, et, comme la nuit même les observations ont été prises une partie d'un navire naufragé a été jeté sur nos côtes, il n'est pas étonnant que cet espoir longtemps différé ait trouvé son expression dans un mouvement d'enquête et d'exploration.

« Plus tard, un chien apprivoisé avec un collier en laiton au cou a été retiré d'une banquise. Plus tard encore, quelques mois plus tard, une petite caisse et une raquette à neige dérivèrent sur le rivage. En 1890, le cadavre d'un homme blanc, vêtu de fourrures, a été retrouvé sur la plage, et le lendemain matin, deux corps de ce que l'on sait maintenant être des Esquimaux ont été retrouvés. Comme nous vivions au bord de l'océan, nous savions d'où ces objets venaient. Alors l'État s'est chargé du travail, a fait un crédit, a organisé une fête, et bien, dit-il, ils ont abondamment équipé une expédition, m'ont confié la direction, et je suis ici à mon retour à Cavitorus, après cinq une tournée de plusieurs années, couvrant les pays de tout le globe extérieur.

Quelle logique magistrale ! Quelle habileté dans le tri des détails !

« Eh bien, ajoute Léo Bergin en soliloque, si c'est vrai, et cela doit être le cas, car j'y vais, combien plus étrange que la fiction !

Les notes continuent : -

« Le capitaine s'enquit des ports le long de la côte de Cavitorus ; l'homme de Boston a demandé s'il y avait des mines d'or ; le pasteur, à quelle hauteur les Shadowas ont construit leurs flèches d'église ; et l'ingénieur, quelle force motrice était utilisée pour leur transport.

« A cela, M. Oseba répondit : 'Je crains que si je vous disais la moitié de la vérité sur ces choses, nous soyons « découverts », à notre grand regret.'

« Il était tard, et comme tout le monde semblait abasourdi par le récit, la troupe se dispersa pour se coucher…

« Dormir : peut-être rêver : oui, c'est là le problème. »


**LE FAIRE BOUILLIR.**

Eh bien, c'est riche ! Léo a dû couper court, mais il m'a épargné bien des ennuis. Voyons. Voici beaucoup de détails intéressants – intéressants si la vie n'était pas si courte – mais je vais devoir « les résumer », car « piquant » est le mot.

Les deux aventuriers quittèrent l' *Irene* à Amsterdam, coururent à Hambourg, où ils passèrent l'hiver, et, rejoints par les compagnons d'Oseba, ils prirent un petit bateau à vapeur envoyé comme navire de ravitaillement pour une expédition polaire « gelée » dans les mers du nord. du Spitzberg. En débarquant, ils rejoignirent un groupe pour le voyage plus au nord, avec l'intention de frapper le large à un point connu. Comme on pouvait s'y attendre, « le froid était intense », mais le groupe était magnifiquement équipé et les progrès, pour les voyages polaires, étaient rapides.

*Pic Mitre, Milford Sound*

« Oseba, disent les notes, eut recours à un magazine qu'il avait fourni à cet effet
lors de son voyage d'aller. Il y avait là des réserves de nourriture condensée, des vêtements qui défiaient le froid, des instruments qui, par réflexion, transformaient la lumière en chaleur, et divers appareils scientifiques, certains qui rendaient pratiquement le groupe à l'abri du froid, et d'autres qui les aidaient à faire face à de nombreux dangers. »

Léo Bergin n'avait pas la réputation de sous-estimer les épreuves de toute aventure dans laquelle il s'embarquait, mais au total, il ressort de son rapport que, sous la conduite de ce sorcier du « Trou de Symmes », une visite au saut d'obstacles... un déplacement vers le nord pourrait être effectué avec peu d'inconvénients ou de risques pour la vie ou la santé.

Une fois toutes les cinquante pages de notes, Léo Bergin se plaint de difficultés. Pas une seule fois il n'exprime de regret et il ne perd jamais confiance en son maître. Une seule fois il dit : « les difficultés sont sévères », puis il ajoute : « mais le génie d'Oseba nous a tellement immunisés contre les explosions de la nature que, sur le fond, nous sommes presque à l'aise. »

Ils étaient sept du retour, cinq des neuf amis qui, cinq ans auparavant, avaient traversé ces plaines gelées avec Oseba, et les deux aventuriers « vedettes ».

Si l'on considère les récits écrits par les chasseurs du pôle Nord, les incidents de ce voyage, de 80° au-dessus de « l'ovale » ou bord, à 60° à l'intérieur, ne méritent guère de commentaires approfondis. Je vais donc jeter tout mon voyage à travers ces champs de glace et de neige sans traces dans la corbeille à papier, ou, mieux encore, les laisser ici, voués à un oubli plus certain.


Si Léon Bergin avait été un bouffon, on aurait pu trouver dans ces notes candides mille récits plus riches que ceux qui, en quête de gloire, ont rejoint les foules qui ont laissé leurs ossements dans les régions inconnues du Nord, auraient pu être trouvés dans ces notes candides,

"Mais la Vérité est un joyau si riche et si rare
qu'une fois trouvée, elle doit être chérie avec le soin d'un martyr."

Je vais donc métaphoriquement sauter une cinquantaine de pages de Léo Bergin et reprendre l'histoire de l'arrivée du groupe dans le petit mais pittoresque port, sur les rives duquel se dresse la ville d'Eurania, la capitale de Cavitorus, juste au-dessus de « l'ovale ». »

Plus de cinq longues années s'étaient écoulées depuis que le sage Oseba, l'idole de Cavitorus, et ses neuf courageux amis avaient été chargés d'explorer le monde extérieur, à la recherche de la vérité, à la recherche de lois ou de coutumes grâce auxquelles les Shadowas pourraient être plus sages. guidés, ou de trouver un pays où il serait possible, sagement et bien, d'envoyer une colonie de leurs enfants. Quatre avaient péri, et ceux-ci devaient être pleurés à juste titre ; mais « les héros conquérants arrivent », et ils devaient être accueillis comme il se doit, et alors que leur approche avait été annoncée, des milliers de personnes richement habillées se pressaient sur le « front de mer », et la belle ville était en tenue de gala. La description des rues, des fontaines, des parcs, des statues d'or et d'autres objets ravissants pour les yeux est évoquée avec beaucoup de détails, mais le « manque d'espace » et l'amour du confort m'exhortent à « utiliser un crayon bleu ». » de nombreuses pages de ce tissu fantaisie.

La personnalité superbe et la tenue vestimentaire magnifique des gens ont étonné le pratique Leo Bergin. Je vais ici oser une citation, puis encore une fois « la résumer ».

Il dit:-

« L'apparence des gens, alors qu'ils se pressent sans confusion le long et en arrière du rivage, est des plus frappantes. Ils semblent trop grands et de forme très symétrique, et ils se déplacent avec autant de grâce que des acteurs entraînés. Ils ont des traits finement ciselés, des yeux profonds, assez grands et expressifs, un teint légèrement bronzé, et dans chaque regard, regard ou expression curieux, il y a une dignité facile et modeste, comme je n'en ai jamais vu, même parmi les plus rares. peu. Sur chaque visage il y a une joie profonde et réelle ; mais d'enthousiasme, d'émotivité ou de sensationnalisme, il n'y en a vraiment aucun. Cette passion de l'animal a disparu, et les plaisirs de l'intellect ont remodelé le visage. Le visage est devenu le miroir d'une âme exaltée. Sur aucun visage on ne voit la gravité, sur aucun visage l'hilarité.

« Ne voyant aucune tristesse, j'ai dit : 'Où sont les amis des quatre qui ont péri ?'

"Hélas! dans leur système, personne ne peut connaître son père ou sa mère, sa sœur ou son frère, son fils ou sa fille. Tous sont des enfants de l'État. Dans le succès de chacun, il ne peut y avoir qu'une joie commune ; dans l'échec, mais dans un chagrin commun.

Quelle absurdité de parler d'une telle société ! Des gens qui oublient leurs propres enfants ? Mais Herbert Spencer nous parle d'un peuple chez lequel les hommes avaient plus d'affection pour les enfants de leurs sœurs que pour ceux de leurs propres femmes ! Peut-être Herbert avait-il tort, car cela ne semble pas naturel. Peut-être Herbert avait-il raison, car ce que nous appelons « naturel » n'est en réalité qu'une coutume. Cependant, « peut-être » qu'il y avait des « raisons » dans ce cas : l'expérience.

Léo continue :—

« La tenue vestimentaire de ces personnes était également « magnifique au-delà de toute description ». Rassemblez toutes les royautés, toute la noblesse, tous les papes et les cardinaux, avec tous les favoris de la cour et tous les rajahs et chefs voleurs de toutes les Indes, et tous les larbins, les idiots et les imbéciles de toutes les capitales, grands et petits, du monde supérieur prétentieux, et les rassembler pour les comparer dans les rangs qui leur font face, et ceux du monde supérieur ne sembleraient qu'un spectacle pitoyable, ou au mieux un burlesque amusant.

« Des soies et des étoffes splendides, non bruyantes et gaies, mais riches et rares ; des bijoux resplendissants de l'éclat de la nature, mais portés avec autant de modestie qu'ils semblaient n'être que des objets d'usage commun, étaient présents en énorme profusion. Pour les bijoux, pour les articles de parure personnelle, pour les ornements ou les garnitures de vêtements, l'or était trop commun, bon marché et vulgaire. Dans les voitures, dans les meubles, dans la statuaire, dans les ornements architecturaux, il était utilisé à la tonne, oui, à la corde. Dieux, si les Américains savaient cela !

« Ici, la superstition n'a pas ravagé, le monopole n'a pas détourné, le despotisme n'a pas volé, la guerre n'a pas dévasté, le vice n'a pas flétri, la richesse a augmenté avec les âges.


"Comme tout notre groupe était vêtu d'un costume européen très modeste, nous avons dû paraître plutôt grossiers aux gens, mais l'absence de curiosité ou de curiosité apparente était surprenante."

Les notes continuent : -

« Ces gens devaient être des adeptes de la science électrique, car l'air était plein de « flotteurs », ou machines volantes, chacune pouvant accueillir une ou plusieurs personnes. Ils étaient aussi épais que des merles dans un champ de maïs du Missouri.

Il remarqua une absence totale d'enfants parmi la foule, mais bientôt un espace ouvert se forma par le repli de la foule, lorsque plusieurs milliers de «jeunes» des deux sexes, et de tous les âges tendres, descendirent le quai, en charge de quelques surintendants à l'air modeste. Alors qu'ils s'arrêtaient, les gens levaient leurs chapeaux en guise de salutation, lorsque les enfants, apparemment tous d'un commun accord, pliaient un genou en signe de reconnaissance.

Les notes, observations et commentaires courants du Lion observateur méritent d'être lus pleinement, et même d'être conservés, mais comme je me dépêche vers un objectif précis, la brièveté semble être une nécessité.

L'accueil de la fête par le Conseil municipal et un comité mixte du grand collège, dont Léo apprit qu'Amoora Oseba était le chef, fut des plus impressionnants, et lorsque le maître de cérémonie agita la main en guise de signal, il y eut un consensus unanime. criant : « Bienvenue à la maison, Oseba ! Bon retour en Euranie ! »

Ce fut la seule manifestation bruyante. " Chaque visage, dit le chroniqueur, avait l'air respectueux, reconnaissant, satisfait et heureux, mais il n'y avait pas de pétards ni de mauvaise haleine. "

N'est-ce pas merveilleux ? Pensez à un tel peuple ! Pensez à une occasion du même genre à Londres, à New York – ah, mes dieux ! – à Paris ou à Berlin ! Je me demande si ce type ne l'étalait pas sur une couche assez épaisse ?

Mais écoutez :—

« Nous avons été escortés jusqu'à nos voitures, cent magnifiques moteurs électriques, littéralement faits d'or et d'ivoire, et ornés de ce qui semblait être des pierres précieuses, mais qui s'avéraient en fait communes. Nous avons été conduits au temple – et quel temple ! Le Palais de Westminster, le Vatican ou le Capitole de Washington ne seraient « nulle part ».

Mais je dois « le résumer ». Il nous dit que la cérémonie au temple fut « splendide, mais brève » ; que l'accueil d'Amoora Oseba a été sincère et que les actes de la réunion de plus de cinq ans précédente, lui confiant le périlleux voyage, ont été lus.

Des « résolutions de regret » pour la perte de membres du parti ont été adoptées et une réunion a été fixée au cours de laquelle Amoora Oseba devrait faire son rapport à un comité restreint et, par l'intermédiaire de ce comité, aux habitants d'Eurania et de Cavitorus.

Faisant l'éloge de la dignité presque déprimante de la cérémonie, les notes rapportent qu'à la fin de l'annonce, le président a lu la commission sous laquelle Oseba avait agi et sur l'accomplissement de laquelle il devait rendre compte de son devoir autorisé. Il se lisait comme suit : -

« Ville d'Euranie, Cavitorus,<br>
« Année 20993, PC

« À la bien-aimée Amoora Oseba, chef de l'Académie nationale des sciences.

« Nous, les représentants de l'État, au nom de tous les Shadowas, estimant que le moment approche où, selon nos traditions, nous devons être réunis avec nos frères du monde extérieur, et reconnaissant la nécessité de découvrir une vision plus large. domaine pour l'expansion de notre race, vous autorise par la présente à procéder à la découverte de n'importe quel pays, à étudier la condition de tout peuple sur ce monde ou sur tout autre monde, à apprendre des leçons de sagesse grâce auxquelles nous pourrons être mieux gouvernés, ou « espionner » « une terre dans laquelle, si possible, nous pouvons désirer envoyer une colonie de notre population excédentaire, et faire rapport à votre discrétion. Le temps, les moyens nécessaires, les associés et toutes autres affaires relatives à cette entreprise unique, seront accordés par l'État à votre discrétion, et que les dieux favorisent votre entreprise et vous renvoient vers nous avec une santé améliorée, des connaissances accrues. , et des espoirs qui pourraient guider les Shadowas dans leurs futures luttes pour le progrès social.

"Signé par une centaine de membres du Comité national."


Ma parole! cet Amoora Oseba était plutôt bon. Pas étonnant que Léo Bergin ait été captivé par ce bonhomme. Mais ce voyage à travers « l'ovale », comme il l'appelle – excusez-moi – me fait frissonner.

Eh bien, d'après les notes, il reste une semaine avant que cette réunion ait lieu, une semaine à jeter, à attendre. Bizarre, c'est presque comme si j'étais là. Voyons s'il y a quelque chose dans ses notes pour combler le temps.

*Mont Cook, vallée de Mueller.*

Oui, il raconte ici quelle aventure passionnante il a vécue en « survolant » les maisons de cinquante étages dans un moteur pneumatique électrique ; que les bâtiments sont faits de matériaux indestructibles ; comment leur acier ne rouille pas ; comme leurs machines sont légères ; comme elles sont belles les filles. Ah oui! Et puis il ajoute : « Ce serait peut-être bien de ne pas avoir à « demander à papa », car ici aucune fille n'a de père, de grand frère ou de jolie sœur, ce qui peut être pratique. Mais du luxe d'une belle-mère, les Shadowas sont à jamais coupés.

« La liberté d'association entre les sexes, dit-il, est surprenante, mais la dignité sociale et le décorum sont encore plus surprenants. Le pays, avec chaque centimètre cultivé, est magnifique, et l'aspect de la nature, surtout la nuit, avec la lune balayant le bord opposé de la terre, le soleil balayant l'horizon, le reflet de la lumière provenant de sources inconnues , le jeu merveilleux des phénomènes électriques, sont trop impressionnants pour être décrits.

« L'or est plus abondant chez nous que le fer, et le platine plus abondant que l'argent » ; et il explique la grande quantité de ces métaux lourds sur la base de théories scientifiques. « Quant aux diamants et autres pierres précieuses, ce n'est qu'une question de « broyage » ; mais les « brillants » sont plus beaux que chez nous, à cause des particularités de la lumière.

Quels contes de fées ! Et pourtant, nous ne « savons pas ». La nature raconte des histoires étranges. Oui, et les gens aussi. Il y a quelque chose d'amusant ou                                                              d'intéressant dans les notes de chaque jour, mais laissons passer la semaine, car nous voulons entendre le rapport – nous voulons entendre ce qu'Amoora Oseba pense des gens de la « croûte supérieure ».

"Oh! Le cadeau nous donnerait un peu de pouvoir,
Pour nous voir comme les autres nous voient, Cela nous libérerait d'une erreur.

Peut-être.

Nous voici arrivés à cette grande réunion. Revenons à l'actualité, et aux notes de Léo Bergin.

Il dit:-

« Eurania, Cavitorus,<br>« 5 octobre.

« Demain », oui.

« Demain, et demain, et demain,
avance à ce petit rythme de jour en jour, jusqu'à la dernière syllabe du temps enregistré, et tous nos hiers ont éclairé les imbéciles sur le chemin de la mort poussiéreuse. »

"Demain! le grand événement s'ouvre. Tout cela ressemble à un rêve. Mais,

« Les rêves dans leur développement ont du souffle,
des larmes, des tortures et une touche de joie. Ils laissent un poids sur nos pensées éveillées, ils enlèvent un poids à nos labeurs éveillés.... Ils parlent, comme des symboles de l'avenir. '

« Ah, cette rêverie rêveuse ! Cela ramène les années disparues, car

"C'était il y a juste un an aujourd'hui,
dont je me souviens bien,"

quand j'ai commencé ce disque, en mer, à bord du SS *Irène* . Je me demande si Sir Marmaduke pense un jour à moi. S'il le fait, il pense que moi… eh bien, cela n'a plus beaucoup d'importance maintenant. Mais c'était un bon type et je ne l'oublierai jamais.

C'est gentil de votre part, Léo Bergin. Bon Dieu ! cet homme-là a un cœur, et une tête aussi, car il se trompe rarement beaucoup. Il continue:-

« Oui, c'était une vieille âme généreuse. Riche, bon enfant et insouciant, mais juste. Il a tout lu, mais... eh bien, peut-être que si j'avais lu autant que lui, j'aurais pensé et su aussi peu.

Léo Bergin, je jure que j'aurais préféré que tu m'oublies. C'est une belle façon de parler d'un ami absent. Il y a visiblement une certaine fraîcheur entre nous. Oui, une ceinture cool, donc je vais garder mon sang-froid.

Continue, Léo :—

« J'ai reçu aujourd'hui un mot de Venesta, et je ne sais pas si cela me procure plus de plaisir ou de tristesse. Pensez à courtiser une fille qui n'a jamais eu de père, ni de mère, ni de sœur, ni de frère ! Fille de l'État ! Épouse la fille de l'État ! Dieux, quelle belle-mère !

« J'ai passé la journée à flâner, et comment puis-je me racheter, sinon par la confession et la prise de nouvelles résolutions ? Bien,

« Je décide ! oui, je décide !
Et puis je m'assois et je regarde cette résolution mourir. Mais, « Demain »... »

« Eurania, Cavitorus,
« 6 octobre.

« Comme l'air est doux ! Avec quelle grandeur le vieux soleil balaie les bords de ce grand monde ! Pour une telle scène, New York donnerait un « million », et chaque œil s'assombrirait en regardant la face de la roue enflammée, et chaque cou souffrirait, et chaque âme frémirait de crainte. Mais les Shadowas n'aimeraient-ils pas voir le Vieux Sol passer au-dessus de leurs têtes toutes les vingt-quatre heures et leur donner trois cent soixante-cinq jours par an, au lieu de le faire tourner autour de leurs têtes, à hauteur de hanche, en leur donnant un seul jour ? nuit de sept mois, et seulement cent soixante jours de durée variable ? Mais le tout est d'être habitué aux choses.

« Eh bien, je dois aller à la réunion. Je suis invité à l'estrade, et j'aurai de quoi enregistrer ce soir, car la journée dure dix-neuf heures. Oh, comme c'est bizarre !

« Plus tard, dans la soirée.

« Quelle heure est-il ? Je ne sais pas. Je sais que c'est dix-neuf heures après que le vieux soleil s'est levé pour la première fois autour du Mont Lena, qu'il s'est finalement retiré, et comment un « nouveau copain » peut-il suivre sa course sur des lignes aussi erratiques ? Pour rendre les choses encore plus confuses, c'est le même vieux soleil que mes yeux recherchent, voilà ! ces trente années perdues. Qui aurait pensé que ce vieux gardien calme pourrait un jour faire de telles farces ? Et puis aussi, sur le même petit vieux monde ! Est-ce que je me réveille ? Suis-je sain d'esprit ou n'est-ce qu'un affreux délire ?

« Je suis sûr que tout est irréel, que je suis le jouet d'un destin plaisant ; mais je jouerai mon rôle ; alors, si la vision n'est pas une moquerie, je n'aurai pas perdu trop de temps.


« Quelle journée mouvementée ! Pourtant, aussi longtemps que cela existe, ou même semble avoir été, chaque heure a été remplie d'incidents déroutants - seulement déconcertants pour moi, car à quel point la hâte, la confusion, l'agitation, le bruit et l'hilarité vus sur de telles occasions dans la haute société ! Quelle différence avec une course de chevaux en Angleterre, un jour d'élection en France ou un 4 juillet en Amérique !

« Quels gens heureux, ordonnés, beaux et aimables, ceux-là. Même leurs divinités sont aimables. Leurs temples de culte respirent non seulement l'espoir pour l'avenir, mais aussi l'appréciation pour les bénédictions d'aujourd'hui. Chez eux, ce n'est pas une couronne de gloire dans l'après-temps, mais une joie vivante. Sans le chagrin de Gautama, les dieux de ce monde souterrain sont aussi aimants et aimables. Mais pourquoi les divinités ne seraient-elles pas aimables ?

« 'Dieu a fait l'homme', dit le prédicateur,
'D'une poignée de poussière, par une bouffée d'haleine.' 'Non', disent les sages, 'l'homme a fait Dieu, à partir de rien du tout, par un signe de tête créatif ; Orgue pour orgue, et membre pour membre, à l'image de l'homme, il l'a créé.

« Ces gens ont évidemment fait leurs dieux, car ils l'admettent. Je me demande si nous avons fait le nôtre ?

Attention Léo !

« Quelle ville merveilleuse qu'Eurania ! Quel pays merveilleux que Cavitorus ! Quel peuple merveilleux sont les Shadowas !

« Mais cette réunion ! La calme dignité de ces quatre cents conseillers d'État était étonnante. Quel merveilleux intérêt impartial est porté par les foules énormes de gens qui occupent le corps principal et les galeries du Temple.

« Fier Oseba ! Eh bien, puis-je t'appeler « maître ». Oh! comme j'aurais aimé que Sir Marmaduke, reconnaissant, soit là.

Oui, Léo, j'aurais aimé être avec toi, mais peut-être que cela aurait voulu dire que je serais avec toi maintenant, à l'abri du froid, le pauvre !

Mais ici, le type enchaîne comme si nos journées duraient aussi dix-neuf heures et nos vies mille ans. Il nous maintient à un niveau si élevé que nous commençons à nous demander ce qu'il y gagne. Je vais « crayon bleu ». Car Léo Bergin, autrefois impatient, a oublié, je le crains, les coutumes de ce monde supérieur et le fait que toutes les oreilles sont à l'écoute de la ruée populaire.

Si vous avez quelque chose de bien à dire,
bougez ! Si vous voulez que nous suivions votre chemin, bougez ! Si ce
sont des marchandises, jetez votre échantillon, si la religion, montrez
qu'elle est abondante, mais... bougez.

« Sur ma parole ! Les « lignes empruntées » de Léo m'inspirent une veine poétique. Mais Leo devient aussi fastidieux qu'une sécheresse australienne, une « période humide » sur la côte Ouest ou un débat sur une « motion de censure », c'est pourquoi je vais ici tracer plusieurs lignes avec mon crayon critique. Léon Bergin est la clarté même, et de son langage découle, jusqu'au cerveau intelligent, une véritable conception de la situation ; mais par souci de concision – par vanité peut-être – je vais condenser, dans ma propre langue.


Eh bien, à l'heure et au lieu fixés, le peuple s'est rassemblé. Les quatre cents membres du Conseil d'État occupaient des sièges privilégiés devant l'estrade, tandis que plusieurs milliers de citoyens remplissaient les stalles et les vastes tribunes. C'était une scène impressionnante. La réunion fut un jour ouverte : « La musique, telle qu'elle n'a jamais été entendue en dehors de l'Euranie ou du ciel, éclate à l'oreille. »

C'est celle de Léo, mais je serai plus prosaïque et plus bref.

Lorsque les dernières notes de musique se furent éteintes et que les applaudissements cessèrent, le président se leva, et après avoir donné un bref mais complet aperçu des traditions nationales, des découvertes et des événements qui ont conduit à ces aventures sans précédent, il a relu la commission sous qu'Amoora Oseba a joué, et a fait comprendre au public l'importance du rapport venant des lèvres du fils le plus doué d'Eurania et de l'explorateur le plus intrépide du monde.

Le président a déclaré, en ouvrant les débats, que même si peu d'attention réelle avait été accordée aux vagues traditions qui avaient flotté au fil des siècles, il y avait toujours eu parmi l'Ombre le sentiment qu'ils se trouvaient dans une situation très particulière et que la science un jour résoudre le mystère qui semblait planer sur eux.

Il a dit que depuis l'aube de la civilisation, il y avait une « connaissance absolue » qu'ils se trouvaient sur la surface intérieure d'une planète creuse, et il y avait une vague croyance qu'il y avait des êtres semblables à la surface extérieure.


Il expliqua que, grâce à l'initiative du Conseil d'État et à l'intrépidité d'Amoora Oseba et de ses courageux camarades, cette question, la plus importante de la longue histoire de Cavitorus, espérait-on, avait été résolue, et ils s'étaient rencontrés pour entendre un rapport sur cette question des plus intéressantes.

Il dit que, comme le Comité avait accordé la plus grande attention aux livres, cartes, diagrammes et globes apportés par le groupe de retour, et qu'après avoir eu l'assistance généreuse d'Oseba lui-même et de Leo Bergin, originaire du monde supérieur, ils S'ils s'étaient quelque peu familiarisés avec la géographie, l'histoire, les coutumes et les mœurs des différentes nations du monde supérieur, à l'aide des vues à présenter, une bonne compréhension serait facilement atteinte. Et puis, comme la presse avait été généreuse et entreprenante, il pensait que le peuple était tout à fait préparé à une appréciation intelligente du discours du voyageur doué. "M. Oseba, le père de la nouvelle philosophie, dit-il, va maintenant nous parler comme à ses enfants.

Cependant, comme le peuple avait demandé qu'on permette à la poétesse Vauline de demander des explications occasionnelles, cela fut prévu.

Ici, le dossier nous dit - j'ai rédigé vingt pages de délicieux « caramel » - que le président présenta Amoora Oseba comme : « l'explorateur le plus intrépide que le monde ait jamais connu », invitant en même temps Leo Bergin et les autres membres du groupe. le groupe revint à l'estrade.

De cet épisode de la cérémonie, le modeste Léo Bergin raconte : "J'étais gêné."

Une belle toile, d'une soixantaine de pieds carrés, avait été préalablement dressée au fond de la salle, et, avec l'aide des assistants, un grand instrument, d'où l'on pouvait projeter des vues mobiles de la surface de la terre, fut correctement réglé. Avec une explication trop brève, comme le pense Léo lui-même, la première photo a été accrochée au mur. C'était notre planète, représentée par un globe de quarante pieds de diamètre, tournant lentement sur son axe. C'était un véritable modèle de notre globe, selon la théorie de Symmes, l'angle par rapport à l'axe étant de 23°, avec l'ouverture nord bien visible, et Cavitorus était facilement localisé.

Ceci, nous dit-on, était entièrement nouveau, même pour le Comité ; mais la mécanique de l'Euranie est si habile qu'à partir d'un petit modèle ou d'un instrument pris en charge par le groupe, cette merveilleuse pièce de mécanisme compliqué a été perfectionnée.

Quelle révélation cela a dû être, éclatant si inopinément sous le regard étonné de ces étranges gens !

Mais comme dans la main magique de Léo Bergin, « aimé et perdu », il y a à la fois plume et pinceau, j'invoque ici son génie, car ma plume vacille.

Il dit:-

« Alors que la vaste assemblée regardait avec une crainte presque essoufflée, le maître a déclaré : « Voici Oliffa, notre propre planète, telle qu'elle est projetée dans l'espace à 68 000 milles à l'heure, avec ce bref quarante pieds étendu à 8 000 milles.

*La scène du Drop, rivière Wanganui.*

« J'ai regardé les visages des personnes les plus intellectuelles, les moins émotives et les plus observatrices que j'aie jamais vues, et pourtant aucune plume, aucun pinceau, aucune imagination ne pouvait reproduire cette scène. Compte tenu de l'intelligence et du caractère impassible de ce vaste public, l'évidence de la surprise était vraiment alarmante. Pour une fois, ces gens ont agi presque comme nous, des imbéciles de la « croûte supérieure ».

Hum ! ça me fait ramper.

"La séance est levée."

J'en suis content, car cela me fait frissonner. Mais il me semble, compte tenu de l'intellectualité froide des Shadowas, que Leo Bergin dessine aussi longtemps. Voyons! Ces Shadowas sont un peuple très intellectuel, très réfléchi, très cultivé et civilisé. Mais réfléchissons. Ils étaient utilitaires ; aimables comme leur milieu, et instruits, dans ce qui était nécessaire à leur bonheur, ou à leur portée. Oui, mais les neuf dixièmes de l'univers – du monde extérieur – leur étaient coupés. Pendant 21 000 ans, ils se trouvaient d'un côté – l'intérieur – d'un grand tube. Pratiquement derrière eux, le monde s'élevait brusquement ; devant eux, ils ne voyaient qu'au-dessus du bord du bol dont ils étaient bien au fond.

Le champ d'observation était étroit, les faits visibles de la Nature peu nombreux. À l'ouverture proche du « tube », il y avait de la glace et de la neige éternelles, une étendue infinie de mystère glacé ; tandis que de l'autre, on pouvait parfois voir de nombreux amas étranges d'étoiles, mais, généralement, seulement des nuages et des tempêtes, des déserts et des montagnes et de dangereux tourbillons.

Ils n'avaient pas de télescopes ; leur point de vue était trop étroit pour l'étude de l'astronomie, et, comme toutes les pensées, toutes les idées, toutes les conceptions de tous les objets naturels doivent être formées à partir de l'observation – d'impressions sensorielles – comment pourraient-ils tirer des conclusions correctes concernant les mondes extérieurs ? ? L'intellectualité ne signifie pas toujours, voire jamais, une connaissance universelle, ni même une très grande connaissance.

Eh bien, peut-être que Léo le dessinait avec douceur. Peut-être qu'une vision si étrange, une vue d'une chose connue d'un point de vue si étonnamment inattendu, à une époque aussi où l'imagination publique était sous haute tension, présentant un phénomène si étrange, affecterait davantage cet esprit fin mais impressionnant. que ce serait le moins réfléchi. Peut-être, dis-je, Léo a raison, mais cela semble un peu élevé.

Mais revenons aux notes de Léo. Il dit:-

« Après le déjeuner » – cela semble familier – « la réunion a repris et les gens, ayant conversé pleinement et librement sur la question, semblaient dans leur état normal.

« Oseba tourna lentement le globe, expliqua la nature de la terre et du soleil, pourquoi les jours étaient « ainsi » ; puis les conditions « extérieures », et pourquoi tout n'était pas un gel éternel, comme ils l'avaient imaginé. Il montra la carte de la terre et de l'eau, montrant qu'à l'extérieur de notre planète, ou Oliffa, il y avait 1 400 000 000 de personnes – dont quelques-uns étaient des gens très honnêtes – et suggéra l'énorme importance de communiquer avec elles.

« Puis il montra un globe, avec les continents, les îles, les mers, les rivières et les divisions géographiques de la terre telles que revendiquées par les nations, les empires, les États et les communautés, en faisant des remarques appropriées, pour que ses impressions ne manquent de clarté.

« Il a expliqué que les divers blocs et parcelles, distingués par des lignes colorées, marquaient les « possessions » et les revendications de diverses races, nations ou communautés politiques. Il décrivit ici l'énorme gaspillage d'eau, de montagnes et de terres inhabitables, et le peu de pays réellement désirables qu'il y avait sur la surface extérieure d'Oliffa. Pourtant, il a déclaré à son auditoire que les Outeroos ne vivaient pas ensemble en paix, mais divisaient la terre selon la puissance et vivaient isolés dans des communautés semi-hostiles. « Ce sont là, dit-il, les terres, les pays et les peuples que j'ai « découverts ».

« Mais, dit-il, bien que la nature et la nécessité, les espoirs, les aspirations et les désirs de tous les hommes soient à peu près les mêmes, il existait à la surface extérieure d'Oliffa une telle variété de coutumes et de manières adoptées pour l'accomplissement des objectifs désirés. fin, que ce n'est que par une visite et une étude de tous les pays que l'objet de sa mission pouvait être atteint. Ainsi, pendant cinq ans, lui et ses compagnons avaient erré, observé et pris des notes, et maintenant ce n'était plus qu'en révisant la situation avec certains détails afin qu'une compréhension intelligente puisse être transmise.


« Ici, il montra sur les cartes les localités des différents pays, décrivant brièvement le climat, le sol et le style de gouvernement en général, et dit qu'il discuterait maintenant un peu plus complètement des mérites des divers pays et peuples – avec son conclusions de l'enquête, car ses découvertes avaient été importantes et nombreuses.

« Il a rappelé à son auditoire le but premier. Sa mission était d'acquérir du monde extérieur des connaissances susceptibles de les aider à mieux gérer leurs affaires intérieures ; découvrir, si possible, un pays dans lequel ils pourraient envoyer une colonie de la population excédentaire, et trouver un peuple avec lequel ils pourraient établir des communications, afin qu'ils puissent devenir des collaborateurs du bonheur mutuel des habitants les plus récents et les plus âgés. du monde.

« Oseba », dit le document, « réorganisa ses instruments, disant qu'il nous montrerait, selon les besoins, le globe dans son ensemble ou une carte en coupe. Il commencerait son examen par un pays, probablement le plus ancien et certainement le plus peuplé, sur la surface extérieure d'Oliffa : celui de l'empire chinois.

Ici, je puis remarquer que j'ai soigneusement étudié les notes du pauvre Léo Bergin. Ils sont complets, soigneusement révisés et témoignent d'une compréhension magistrale de la situation, mais ils sont trop copieux pour être cités même de manière approfondie. À partir de nombreuses pages soigneusement écrites, les notes rapportent les discours d'Oseba, avec à peine une pause ou un commentaire. Par souci de brièveté, je m'approprierai l'histoire d'Oseba et, sauf par quelques citations pointues, j'utiliserai mon propre langage dans la revue de la scène suivante. Je me rends compte qu'avec cette méthode l'histoire sera gâchée, le langage sera moins pittoresque et expressif, et probablement moins correct, mais ce sera une économie d'espace et, ce qui est important pour moi, une « économie » dans la dépense de l'espace. force intellectuelle. Cela mérite réflexion !

L'imaginatif Léo semblait absorbé par les scènes changeantes de cette situation unique. Pendant une accalmie dans les débats, il note :

« Comme c'est un rêve ! Oh, mon âme, comme j'espère !

Mais, probablement à nouveau confronté à ce « si », il semble baisser la tête, s'arrêter et réfléchir, car il écrit :

« Les espoirs, comme les joies et les enfants prometteurs, se transforment en regrets, ou se fanent et meurent. »

# SCÈNE IV.

## PREMIÈRE « DÉCOUVERTE ».

### Dimensionner AH SIN, ET LU.

LE sage Oseba, après avoir localisé la Chine sur le globe, projeta sur le mur une vue de la carte de l'Empire. Il expliqua que ce pays « embrassait » 4 000 000 de milles carrés de la surface d'Oliffa et contenait environ 400 000 000 « âmes », soit près d'un tiers de tous les Outeroos. Mais cela inclut les Mandarins, qui ne sont pas censés avoir d'« âme ».

Avec un discours amusant, il a passé en revue l'histoire, les conditions sociales, politiques et industrielles de ce peuple « particulier ».

C'est en Chine qu'Oseba a pris connaissance pour la première fois de l'agressivité, de la prétention et de la puissance réelle des nations européennes ou occidentales. En tant que race, ces « diables étrangers » étaient plus grands en stature, plus forts en membres et plus clairs en teint, et ils avaient une meilleure opinion d'eux-mêmes que les Orientaux. La vanité est un facteur important dans tous ces jeux puissants.

Les ecclésiastiques, ou missionnaires, furent parmi ses premières connaissances outre-mer.

Un espiègle employé consulaire, dit-il, qui semblait avoir un grief, chantait :

«Ils sont venus en groupes,
pour sauver les âmes, de Hop, Lee, Sing et Wu. Ils ont rassemblé du matériel, de loin et de près, comme vous ou moi le ferions.»

Ces « hommes solennels », comme les appelait Oseba, s'excusant de cette digression, venaient en premier parmi leurs compatriotes, non pas pour un « gain sordide », mais pour « sauver tous les fils de Confucius et les emmener au Ciel, où, ensemble, ils pourrait chanter et s'associer pour toujours, pour toujours et pour toujours. « Cela », dit Oseba, « semblait gentil de leur part », mais il apprit bientôt que les nations qui envoyaient ces agents pour préparer la situation sociale pour « le doux au revoir » n'étaient « pas chez elles », à Hop. , Lee, Sing ou Wu, lors de leur bref séjour à la surface d'Oliffa.

« Nous vous aimons », disaient les agents distingués d'une centaine de croyances en conflit, « venez avec nous dans un pays meilleur que le jour ».

"Très bien", déclarent Hop, Lee, Sing et Wu, "nous allons probablement 'Melica".

« Non, non ! » dit le bon berger, pendant ce temps, dans le doux au revoir. Nous parlons d'un monde meilleur : patience, douceur et amour.

« Pourquoi, demandait la poétesse Vauline, les autres Outeroos ne sont-ils pas « chez eux » pour les Chinois alors qu'ils sont bien vivants ?

Avec un sourire, Oseba a déclaré : « Les Chinois, mes enfants, sont très travailleurs et économes. »

« Sont-ils une race inférieure ? demanda la poétesse Vauline.

« Ils sont 'différents', dit Oseba, mais chaque race, peuple, nation, tribu ou croyance sur Oliffa se considère 'supérieur' à tous les autres. La vanité est absente – chez quelques Outeroos.

Il passa en détail la situation politique, sociale et industrielle de la Chine et déclara :

« Le monde extérieur pourrait tirer des leçons de l'industrie patiente de la Chine, mais pour nous, il n'y a rien en Chine. »

Après un bref examen de la situation sociale et politique de chacun, il a écarté tous les pays de l'Asie continentale, mais il a déclaré que Hong Kong et Singapour, deux des merveilles modernes du monde, avaient fait beaucoup pour faire connaître au monde les trésors cachés de ces régions tartares. Régions.

Il attira l'attention sur sa découverte du Japon, tel qu'il figurait sur la carte avec l'Asie, puis, l'enlevant, il jeta le globe sur la toile. Il s'attardait presque avec ravissement sur la beauté du pays qu'il allait maintenant examiner. Concernant les Japonais, dont il s'enquérait d'abord de l'état de santé, il disait qu'ils avaient une histoire ancienne. Ils étaient isolés depuis de nombreux siècles. Ils rêvaient dans leur monde étroit, jouaient dans leurs petites cours, adoraient leur monarque et avaient été heureux ; mais récemment, touchés par la baguette magique de la civilisation moderne, ils se sont réveillés, et après avoir jeté un bref sort autour d'eux, ils ont « ceint leurs reins » — ils ont serré leurs ceintures — et se sont dépêchés de rejoindre les premiers rangs de l'armée du progrès. avec un enthousiasme, et même une sagesse, jamais connu auparavant sur ce petit globe.

*Cathedral Peaks, lac Manapouri*

Une fois excités par le frisson exaltant du progrès, ils s'adaptèrent aussi facilement aux conditions particulières de leur environnement naturel que les enfants à un nouveau terrain de jeu. Les montagnes suggèrent la liberté, l'aventure maritime, et les Outeroos doivent aux aventuriers intrépides de ceux qui habitent les rives découpées du front de mer tous les bienfaits du progrès moderne, car la civilisation est le fruit mûr du commerce océanique.

« Mais », a déclaré le sage Oseba, « les 42 000 000 de Japonais actuels ne disposent que de 147 000 milles carrés de terre, dont la moitié sont des déchets. Dans le délire des conditions modernes, la population augmente rapidement et les habitants commencent déjà à se rassembler. La nation s'enrichit tandis que la population s'appauvrit. Les biens immobiliers de la petite Oliffa sont déjà jalonnés et visiblement ornés de cet étrange dispositif : « ne touchez pas à l'herbe ». Il n'y a pas de coin libre pour la population excédentaire, mes enfants, et les Japonais sont des animaux terrestres.

Le sage Oseba a déclaré à son auditoire que « De nombreuses nations parmi les Outeroos considéraient les « Japs » comme une « race inférieure », mais si les réalisations de l'homme sont la mesure de l'âme et de l'intellect, les Japs n'ont pas de supérieurs sur la petite Oliffa, car ses récents progrès font pâlir l'éclat de l'histoire authentique du monde ; mais,

"Si le zénith des conflits répand une tradition mystique
et que les événements à venir projettent leurs ombres avant",

» dit le sage, alors qu'il torturait l'immortel Thomas, l'éclat de l'histoire japonaise pourrait bientôt décliner, et comme, faute de place, son seul chemin vers la gloire passe par une guerre démodée, les perspectives ne sont pas roses. Bien que cette nation puisse rester longtemps flamboyante, son peuple pourrait bientôt se tordre dans une misère inférieure à celle que le « Japon païen » n'a jamais connue.

Cependant, si le petit homme brun coupe les griffes de l'ours russe et le renvoie, boiteux et grognant, dans son antre du nord, puis réveille la Chine et, par l'habileté de ses merveilleuses capacités, l'organise, l'Asie orientale pourrait rappelez-vous quelques milliers d'« insultes » infligées à son peuple au cours du dernier demi-siècle, et concluez en testant la question de la « supériorité » par des méthodes autres que industrielles.

Parmi les monarchies connues d'Asie, dit-il, les gens étaient ignorants et pauvres, les fonctionnaires étaient insolents et corrompus, les dirigeants étaient vicieux et despotiques et les gouvernements pourris de manière irréparable.

Quant à l'Inde, le sage Oseba parlait avec sympathie. « La Grande-Bretagne, dit-il, est le seul pays capable de gouverner une race « inférieure ». Elle a fait beaucoup pour sauver le pays des guerres périodiques, sinon presque constantes, de la famine et du désespoir ; mais le « peuple », fruit de milliers d'années de mauvaise gouvernance et d'oppression, a atteint un état de non-progressisme cristallisé, et il doit finalement mourir, car il ne peut pas s'adapter aux conditions modernes. Son passé est triste, son avenir est sans espoir. Ce sera longtemps un pays dans lequel quelques abeilles rusées pourront se charger de miel doré, pour remplir leurs ruches lointaines ; mais lentement et tristement, ces étranges personnes brunes doivent disparaître. Ils ont atteint leur ultime. Il leur manque le chêne et l'acier, nécessaires aux concours de l'avenir.

## L'EUROPE, CERTAINEMENT « DÉCOUVERTE ».

Le globe était ajusté de manière à donner une vue parfaite du continent européen et, dans un discours intéressant, les pays et leurs peuples étaient décrits.

Faisant référence à l'influence de l'environnement, l'orateur a expliqué comment la petitesse relative de ce continent, la fertilité du sol, la variété de la vie végétale et animale, les montagnes et les plaines, les côtes découpées et l'énorme étendue de front de mer , ainsi que ses vastes réseaux fluviaux et ses conditions climatiques saines mais irrégulières, en ont fait le jardin et la pépinière du peuple le plus actif, le plus robuste, le plus intelligent et le plus émotif de la planète.

L'Europe continentale couvre une superficie de 3 500 000 milles carrés et abrite, à divers degrés d'opulence et de misère, quelque 380 000 000 de personnes – principalement des hommes, des femmes et des ecclésiastiques – avec 20 000 000 d'hommes en « uniforme », qui semblent bien saisis de leur propre importance. Ces derniers sont des personnages très influents, car dotés d'arguments très convaincants.

L'orateur expliqua que les taches multicolores et irrégulières sur la carte représentaient les possessions et la domination d'autant de nations, qui avaient toutes une bonne opinion d'elles-mêmes et étaient prêtes à soutenir leurs prétentions.


Ces pays étaient gouvernés par des personnes qui avaient de la chance dans le choix de leurs parents ou qui, au moins, disposaient d'actes de naissance en règle.

Mais avec ses nombreux gouvernements et nationalités, dit-il, il régnait une confusion constante. Il y avait de la peur et de l'oppression, car toutes ces lignes imaginaires devaient être gardées. Il fallait entretenir les armées ; les 5 000 000 de soldats doivent être constamment prêts au massacre, car ce n'est que par ce moyen que le peuple pourra être suffisamment convaincu de la validité de l'acte de naissance.

Interrogé par la poétesse Vauline, ce que faisaient ces soi-disant soldats dans la vie, M. Oseba répondit :

"Ils tuent des gens, car, aussi courte que soit la vie des Outeroos parmi les nations supérieures, le meurtre en masse est la plus honorée de toutes les activités."

Oseba a déclaré : « Toutes les nations civilisées ont ces hommes armés, dont le devoir est de tuer quelqu'un – à qui ils n'ont peut-être jamais été présentés – lorsque leur dirigeant a un grief et n'a pas le temps de s'occuper lui-même de l'affaire.

« Ces armées sont également puissantes dans les controverses diplomatiques. Lorsqu'un monarque a un petit malentendu avec un de sa classe venant d'un enclos voisin, il dit d'une voix grave :

« 'Sire, ce sont les faits, et si vous n'y croyez pas, Sire, regardez !' - et il montre ses bataillons prêts.

"Pour un peuple qui n'a jamais connu la guerre ou la pauvreté, parmi lesquels probablement aucun homme ne se soucierait d'être tué, ou ne pourrait trouver quelqu'un pour l'héberger s'il le devait, ces déclarations semblaient des plus étonnantes."

M. Oseba a conclu, de l'éclat du spectacle militaire, que chaque travailleur en Europe portait un soldat sur son dos. Pire encore, il devait le nourrir, l'habiller, le payer, puis se soumettre constamment à son insolence. De chaque foyer et coin de feu d'Europe, le partisan le plus robuste et le plus aimé était emmené pour l'entraînement au tir ; et le fardeau imposé à l'industrie pour une barbarie ostentatoire écrasait l'Europe entière et conduisait les peuples à la révolution, à l'anarchie et à la ruine.

« Dites-nous, dit la poétesse Vauline, parlez-vous des peuples supérieurs, des peuples chrétiens ou civilisés ?

« Plutôt », dit le Sage, « car seules les nations chrétiennes pouvaient jouir, et seules les nations supérieures pouvaient se permettre de tels divertissements héroïques. En fait, la taille de l'armée et la portée des armes sont les véritables tests de la civilisation et de la « supériorité » d'un pays.

"C'est étrange, mes enfants, mais les peuples 'supérieurs', ceux qui adorent Celui qui a dit : 'Tu ne tueras pas', ont les fusils les plus longs et les bataillons les plus puissants, et ils sont les plus prêts à tuer à la moindre provocation."

Le public, disent les notes, a été très impressionné lorsqu'on lui a dit que ces arguments – chargés – étaient dirigés les uns contre les autres par les nations les plus civilisées. Oseba continue : « Les armes et le spectacle militaire contribuent à amuser le peuple ; ils régulent les prix des maisons et veillent à la dignité des gérants. Il s'agit pratiquement d'un avis « ne touchez pas à l'herbe » ; mais en fait, mes enfants, on les garde aujourd'hui plus pour intimider les gens qui paient les factures que pour conjurer tout danger extérieur.

« Mais il y a une différence marquée entre l'Oriental et l'Occidental. L'Oriental est égoïste : il veut la paix et est indifférent au sort des autres. L'Oriental ne se soucie pas de ce qu'un homme croit, ou du dieu qu'il adore, tant qu'il paie le prix et passe à autre chose ; tandis que les races supérieures se soucient profondément de l'âme et veulent découvrir tous les autres hommes et les amener à se joindre à eux – après un certain temps.
« En tant qu'unités sociales, les Occidentaux sont plus progressistes et libres, mais moins sûrs ; ils sont plus sympathiques, mais moins justes ; plus intéressé par les autres, mais moins tolérant ; et plus enclins à l'action et moins à la méditation que les Orientaux.
« Bien qu'il existe une grande différence dans le degré d'oppression en Europe continentale, entre la présomption de classe, le despotisme militaire, l'insolence officielle et l'ingérence dans les croyances, à l'exception de ceux pour qui la coutume rendrait l'enfer salubre, il n'y a pas de place pour un homme épris de liberté. l'homme – et surtout, ce n'est pas un endroit pour un peuple ayant les nobles aspirations des Shadowas. Mais, oh ! la pauvreté, la misère, la tristesse humiliante ! Ah mes enfants ! Si la foi de ces mortels

prétentieux n'est pas folie, s'il existe quelque part un Dieu tout-puissant d'amour et de justice, s'il est agenouillé devant son trône, il y a des armées de saints et d'anges qui voient les conflits sanglants, voient les larmes de la veuve et les larmes de la veuve. un halètement angoissant de besoin ; qui entendent les soupirs de l'esclave surmené, les gémissements de la pauvreté et les prières qui montent au ciel des lèvres blanches de l'innocence, que les Shadowas implorent les maîtres des millions d'Europe d'accorder miséricorde, ou les cœurs implorants du ciel le feront briser, et les larmes des anges noieront le monde.

Mais, comme Uphus ouvrant les portes pour accueillir l'aube d'un nouveau jour, nous nous tournons vers des scènes plus agréables.

---

# SCÈNE V.

## LES ÎLES BRITANNIQUES DÉCOUVERTES.

A ce stade des débats, le Sage Oseba semblait en pleine forme et de bonne humeur.

Il a fait remarquer qu'il allait maintenant donner à son peuple un bref aperçu du « Pays des pays », une région insulaire, juste à côté de la ruche bourdonnante de l'Europe en uniforme. Ici, le globe tournait jusqu'à ce que les îles britanniques soient bien en vue.

« Celle-ci, » dit Oseba, « de toutes les terres fertiles à la surface d'Oliffa, est la plus intéressante. C'est, parmi les pays de l'Outeroos, la terre classique de la liberté, l'ancre de l'Europe pendant plus de trois cents ans. Ces îles rocheuses, au sol fertile, au climat salubre, aux rivages découpés, heureusement placées géographiquement, sont par nature les mieux adaptées au développement de l'homme idéal de n'importe quel endroit de la surface d'Oliffa, et ayant été peuplées d'hommes robustes. tribus, tous les espoirs suggestifs de la nature se sont réalisés.

Il dit à son peuple que les îles britanniques s'étendaient sur 124 000 milles carrés et contenaient 40 000 000 d'habitants ; et que, sur ces quelques acres, il y avait plus de muscles et de cerveau, de force intellectuelle, d'entêtement et de prétention hautaine, que sur tout autre endroit de mêmes dimensions à la surface d'Oliffa.

*Mont Egmont.*

« Ces Britanniques robustes, mes enfants, qui ont défendu sans résistance ces îles                                                                          historiques contre tous les venants pendant de nombreux siècles, ont fait davantage pour élever, éduquer, émanciper, civiliser et unir l'humanité ; pour libérer le cerveau de la superstition, les membres des entraves et le monde de l'esclavage, que toute autre nation ou race ayant jamais inscrit ses réalisations dans les pages de l'histoire humaine.

« La Grande-Bretagne, mes enfants, a vaincu de nombreux ennemis, mais sa principale gloire a été ses conquêtes dans les arts de la paix. Elle a vaincu le climat, la famine, la peste et l'idolâtrie qui voulait crucifier le nouveau sur la croix moisissante de l'ancien régime.

« La Grande-Bretagne a donné à Oliffa ses méthodes industrielles et commerciales, le ton de sa civilisation actuelle, et elle donne rapidement à l'ensemble de la race son langage autrefois méprisé, et il semble y avoir en cela un sortilège magique qui infecte tous ceux qui s'imprègnent de son esprit d'un langage brûlant. désir de liberté. Zoéter la langue anglaise, c'est se sentir : un roi.

« Laissez-moi vous raconter une petite histoire, mes enfants, de la plus intéressante, de la plus merveilleuse, oui, même de la plus merveilleuse de toutes les actions de l'homme sur cette petite planète la plus erratique.

« Ces îles britanniques sont séparées du continent européen par une bande humide, et elles sont habitées par la progéniture mixte d'une douzaine de tribus robustes et viriles, toutes originaires du front de mer du nord. Toutes ces tribus viriles, indigènes ou envahisseurs, étaient fortement imbues de l'esprit de liberté, tel qu'elles l'entendaient. Ils aimaient la paix – s'ils devaient se battre pour l'obtenir. Ils aimaient la liberté, presser l'autre. Mais dans la fibre de ces gens, il y avait un entêtement sublime qui rendait souvent la situation délicate pour les autorités.

« Tout le monde voulait devenir patron, donc personne ne portait le collier. Tout le monde voulait être libre, mais le sentiment était si unanime qu'il y avait une abondance d'officiers mais pas de soldats, il a donc fallu plusieurs siècles de disputes, de querelles, de conflits et de guerres, avant d'avoir accumulé suffisamment de « matière grise » pour comprendre. le fait qu'un gouvernement civilisé est un compromis ; que là où quelqu'un peut être opprimé, personne ne peut être en sécurité ; et cette liberté, qui doit s'arrêter à la porte du paddock d'autrui, est le droit inaliénable de l'homme.

« Mais les Britanniques peuvent apprendre, et ils ont si bien maîtrisé ce problème que les plus élevés obéissent désormais le plus volontiers à la loi, et les plus forts défendent le plus volontiers les droits des faibles. Bien qu'il ait fallu des siècles à la Grande-Bretagne, avec sa solide vanité, pour comprendre cela, et bien qu'elle, par sa fibre et sa position de colonisateur, ait été le successeur légitime de la Phénicie et de la Grèce, elle a été plutôt arriérée à se manifester, car après la découverte d'Amérique, alors que toutes les autres nations participaient follement aux exploits occidentaux, elle resta à l'écart pendant plus de cent ans pour achever ses préparatifs.

«Puis elle est venue avec un panier-repas, elle est venue à deux pieds, elle est venue pour rester, et ses réalisations n'ont pas d'équivalent dans l'histoire du progrès humain. Avant qu'elle ouvre son agence immobilière à l'étranger, le nouveau monde était morcelé. D'autres avaient revendiqué leurs revendications – beaucoup se chevauchaient – et il y avait de nombreux avis de « rester à l'écart de l'herbe », mais elle n'était pas intimidée.

« En 1607, elle implanta sa première colonie en Amérique. Bientôt, ils furent treize – un nombre malheureux – puis elle les poussa bêtement à la révolte, et elle apprit ici une précieuse leçon. Depuis, elle n'a jamais opprimé une colonie ; depuis, elle n'a jamais fait un pas en arrière ; depuis lors, elle a progressivement étendu sa main bienfaisante sur la terre, jusqu'à ce que plus d'un cinquième de la terre soit peint en rouge – sa teinte préférée – et que plus d'un quart de la race humaine prête volontairement allégeance à son drapeau.

"Oh", disent les notes de Léo, "cela ne plairait-il pas à ce cher vieux Sir Marmaduke !"

« L'Amérique, mes enfants, dont je parlerai bientôt, a été la plus noble contribution de la Grande-Bretagne au progrès humain, car bien que les deux nations aient évolué sous des couleurs différentes pendant plus d'un siècle, leur entreprise mutuelle a révolutionné le monde industriel et a amené l'humanité à touche.

« Merveille des merveilles ! Lorsque d'autres nations, désormais en affaires, se vantaient de leur conquête du monde, les Britanniques n'étaient qu'une « poignée », habitant ces îles rocheuses, mais comme les montagnes suggèrent la liberté et l'aventure maritime, regardant par-dessus les eaux, ses fils audacieux s'en allèrent... non pas pour conquérir, non pas pour exploiter ou dévaster, mais pour développer le monde et construire des maisons, des colonies, des États et des empires.


« Si la Grande-Bretagne prenait une arme à feu lors de ses sorties – et elle le faisait souvent – c'était pour raser l'emplacement d'une maison, d'un magasin ou d'une usine. Là où elle plante ses pieds, le sol devient plus fertile, et lorsqu'elle rencontre un sauvage, il se tient plus fièrement debout, dès les premiers sermons.

« Elle est la patrie de l'Amérique et, grâce à des efforts mutuels, les deux sont devenus les modèles du progrès civilisé. Elle sauva la vieille Inde des rajahs, des voleurs et des prêtres, de la famine et de la peste, et en fit un paradis, comparé à son état antérieur. Elle a sauvé de la pourriture et de la ruine l'étrange, bien-aimée, rêveuse et à moitié mythique vieille Égypte, et en a fait une merveille d'espoir et de progrès. Elle sauve « l'Afrique la plus sombre » de l'esclavage, de la superstition et de la guerre fratricide ; et, avec des diamants sur ses fermoirs d'or, elle le livre à la civilisation.

« Elle a donné à la civilisation le Canada, avec son peuple splendide, ses champs fertiles et sa prodigieuse « usine à glace » ; et elle a donné à la civilisation les sept colonies d'Australasie, avec les peuples les plus riches, les plus commerçants, les plus progressistes, les plus avancés, les plus instruits, les plus civilisés et les plus libres de toute la surface extérieure de la planète.

« Alors, pour montrer son peu de respect pour la terre, sauf comme endroit où s'attacher – et sa merveilleuse ambition de développement industriel – voici ! les merveilles commerciales modernes, Hong Kong et Singapour ! De nombreuses nations se plaignent de « l'avidité foncière de la Grande-Bretagne » et du fait que John Bull – comme on appelle affectueusement ces robustes Britanniques – porte toujours un seau et un pinceau et peint partout le monde en rouge ; mais partout où brille le carmin, la liberté et le progrès sont assurés. Chaque centimètre carré de terre arraché aux ténèbres grâce à la vaillance britannique est remis à la civilisation, gratuitement pour tous.

« Et, merveille des merveilles, mes enfants ! Au cours de plus d'une centaine de guerres – hormis son erreur en s'efforçant de contraindre ses propres enfants en Amérique – elle n'a jamais perdu un pouce de terre importante par la force. Et, plus glorieux encore, chaque centimètre conquis à la barbarie par son sang et sa bravoure a été remis à la civilisation et au progrès humain.

"Mais non! Elle a beaucoup gagné à la guerre, qu'elle a rendu dans la paix, au prix d'une perte infinie pour le monde.

« Elle a pris Cuba pendant la guerre, a rétabli l'ordre et l'a restituée en paix. C'était mieux pour le monde qu'elle l'ait gardé.

« Elle a pris par la guerre et restitué en paix les Philippines, la colonie du Cap, Java, Sumatra, le Sénégal, Pondicheri et plus de vingt autres biens de valeur, le tout à la perte du monde – et pourtant elle a été accusée de possession territoriale. l'avarice – de la « faim de terres ».

Droite! M. Oseba, et si les politiciens de Downing Street avaient correctement soutenu les robustes vagabonds britanniques, la majeure partie d'Oliffa aurait été peinte en rouge et recouverte d'un châle bien avant cela, et la race britannique-yankee aurait été en mesure de garantir la paix entre toutes les nations.

« Mais, mes enfants, » continua-t-il, « de nombreux nuages resplendissants ont souvent des contours sombres, et de peur que vous ne décidiez tous de vous précipiter hors de Cavitorus vers ces îles merveilleuses, je dois vous montrer quelques-unes des images les moins attrayantes.

« Rappelez-vous que le monde doit la civilisation moderne des Outeroos à l'entreprise coloniale et au succès de la Grande-Bretagne ; mais rappelez-vous aussi que ce ne sont pas toujours les « nations colonisatrices », mais les « colons » des « nations colonisatrices », qui portent l'étendard du progrès social vers les terrains avancés.

« La base du succès colonial moderne résidait, bien sûr, dans la fibre de la race britannique ; mais l'insistance de l'entreprise coloniale britannique était en grande partie due aux fautes flagrantes de la politique intérieure britannique.

« Nous sommes des animaux terrestres : nous vivons de la terre et de celle-ci, et la Grande-Bretagne ne possédait que 124 000 milles carrés de terre. La « place » était rare, alors les gens avaient un « regard lointain ». Mais pire encore, très peu de personnes dans la Mère Patrie « possédaient » la majeure partie de cette maigre surface, de sorte que les gens ne voyaient une opportunité que dans un changement – car un profond amour de la liberté imposait à leur attention les maux du monopole.

"Eh bien, ces robustes Britanniques, avec le sang mêlé des robustes Danois, Jutes, Celtes, Saxons, Angles et autres, ne se sentaient pas chez eux en tant qu'invités, serfs ou locataires, alors ils ont commencé à errer."

L'orateur a déclaré qu'il présenterait quelques petites « raisons » pour lesquelles les Shadowas ne voudraient pas « affluer » vers les îles britanniques, ainsi qu'un examen des conditions qui auraient pu avoir une certaine influence dans l'éveil de l'esprit d'aventure à l'étranger.


« Ils ont découvert, dit-il, que sur les 76 000 000 d'acres de terre que compte l'ensemble des îles Britanniques, un homme — grand seulement dans ses possessions — possédait 1 350 000 acres, tandis qu'un autre possédait 460 000 acres, les deux étant propriétaires nés de plus de 2 000 acres. pour cent. du tout, sur lequel 40 000 000 d'hommes étaient obligés de vivre.

« Ils ont découvert qu'environ deux cents familles possédaient environ la moitié de toutes les terres ; soit moins de 1 pour cent. de la population en possédait plus de 99 pour cent. du terrain, et ce, à plus de 90 pour cent. de la population était absolument sans terre.

« C'est amusant, mes enfants, d'entendre ces robustes Britanniques se vanter de « mon pays », alors que quelques familles possèdent une grande partie de toutes les terres sur lesquelles tous doivent vivre – s'ils restent chez eux. Mais en observant l'énorme pouvoir dont jouissaient les détenteurs de vastes domaines dans l'ancien monde, et que trop d'entre eux cherchaient à acquérir des avantages similaires dans le nouveau monde, en accaparant leurs terres, et en corrigeant cette erreur ancienne, le meilleur homme d'État de l'époque est encore requis."

M. Oseba a ensuite expliqué que, comme de nombreuses situations apparemment indéfendables donnent souvent des résultats bénéfiques, il ne fait guère de doute que la malédiction héritée du propriétaire foncier britannique a, sous un « déguisement » des plus imposants, été une « bénédiction » pour la civilisation.

Cela a impressionné le « sujet » réfléchi par l'importance incomparable de la terre pour la vie elle-même, en particulier lorsque la population a commencé à se presser ; et cela a attiré l'attention, même des plus irréfléchis, sur l'énorme influence et le pouvoir réel exercés par les propriétaires de grands domaines. Les inégalités de classe nées de l'héritage par quelques-uns de la source dont tous doivent vivre, ont poussé des foules des peuples les plus intelligents, les plus robustes et les plus autonomes vers des pays lointains et les ont déterminés à subvenir à leurs besoins dans leur nouveau foyer contre les maux qui les avaient chassés des anciens.

De la bave répugnante, nous saisissons le prix scintillant,
Et les résultats grandioses des conditions difficiles augmentent.

*Cascade, Waikaremoana.*

Comme ces émigrés aimaient la Patrie, ils désiraient y rester fidèles ; comme ils avaient appris les avantages de la propriété foncière, chacun désirait s'assurer sa propre maison ; mais, se souvenant du passé, ils cherchèrent à faire en sorte que les limites permettant à chacun de vivre du travail d'autrui soient rétrécies. Ce n'est pas en violant les droits des « propriétaires » de propriété, mais en garantissant les droits des « créateurs » de propriété que de nouvelles idées ont été popularisées.

"Mais ces propriétaires du monde héritiers", a déclaré l'orateur, "en règle générale, passent un assez bon moment, même si aucun d'entre eux n'a été autorisé à rester assez longtemps sur sa tranche d'Oliffa particulière pour qu'elle devienne périmée."

Réticent à quitter la Grande-Bretagne, mais désireux de récupérer certains de ses enfants errants, il clôt le dossier de notre mère avec cette tendre caresse :

« Même si ces citoyens britanniques sont le sel de la terre, c'est leur progéniture, et non le propriétaire foncier, qui doit prendre la tête des futures luttes sociales.

« À bien y penser, ce n'est pas la « Grande-Bretagne », mais le « Britannique » qui, comme Atlas, porte le monde sur ses épaules ; et c'est le « Britannique » qui est le « sel de la terre », tandis que la « Grande-Bretagne » est la mine de sel.

## « L'AFRIQUE LA PLUS SOMBRE » ENFIN DÉCOUVERTE.

Oseba tourne alors ses instruments vers l'Afrique. Il a déclaré à son auditoire que, même si à la lisière de cette terre à moitié mythique on apercevait un mouvement très ancien, le vaste intérieur, jusqu'à presque hier, était une véritable *terra incognito* , et aujourd'hui il n'est pas facile de séparer les grains. de vérité sur son histoire à partir du chariot de la fiction.

Mais la Grande-Bretagne était maintenant en train de relever le sombre rideau et d'ouvrir les portes de son fabuleux trésor pour que les nations « reconnaissantes » (?) puissent entrer et prendre des chambres.

L'Afrique, dit le sage à son auditoire, couvrait un cinquième de la surface terrestre du globe extérieur et comptait une population de 150 000 000 d'âmes, soit plus que celle de toutes les Amériques et de leurs îles. Son histoire est douteuse, vieille de plusieurs milliers d'années. Il était autrefois si « civilisé » qu'il abritait trois cents évêques chrétiens, mais aujourd'hui, seule une petite partie – le Cap – peut prétendre à plus qu'une simple introduction à la civilisation moderne.

L'orateur a informé le peuple, tout en jetant une série d'images sur la toile, que de nombreuses nations européennes s'efforçaient d'étendre leurs frontières en Afrique et, au grand regret des indigènes, qu'elles étaient maintenant assez généralement « découvertes ».

## DROITS HUMAINS.

Oh! droits sacrés de l'homme, ordonnés par Dieu, mais gagnés seulement par le sang, les larmes et le labeur.

Il y avait ici une digression et un essai sur « les droits de l'homme », car la poétesse Vauline se demandait de quel « droit » les Européens « se partageaient l'Afrique », si ce pays comptait déjà 150 000 000 d'habitants ?

« Ceci », dit le sage Oseba, alors qu'il déplaçait ses yeux de son critique admiratif vers son auditoire, « c'est une question pertinente ; mais rappelez-vous, mes enfants, que la plupart des habitants de l'Afrique sont noirs, ils sont très noirs.

« Mais est-ce une réponse à ma question ? » dit la poétesse Vauline.

"Eh bien", dit Oseba, "ce serait ainsi chez les Outeroos, car les questions de bien et de mal ne s'appliquent pas aux gens écrus."

Cela a créé une grande surprise, car les Shadowas n'avaient pas entièrement subi le processus de blanchiment.

« Mais pourquoi, parmi les peuples soi-disant civilisés, les Noirs n'ont-ils aucun droit ? dit la poétesse Vauline.

« C'est assez clair », a déclaré M. Oseba, « car les Noirs n'ont pas de tromblon, et parmi les « droits » d'Outeroo les plus civilisés se mesurent par la puissance de port des armes et l'habileté des hommes derrière elles. Parmi toutes les « nations civilisées » d'Oliffa, le « droit » se mesure, non pas aux plaidoiries du maître, ni aux exigences de l'humanité ou de la justice, mais en premier lieu à la couleur, car cela indique la capacité des tromblons, et le nerf du tireur.

« Les Jaunes ont un peu plus de droits que les Noirs, car ils ont parfois quelques fusils et du salpêtre. « Tu ne tueras pas » et « Tu ne voleras pas » s'appliquent uniquement aux hommes blancs ; et même alors, seulement dans les petits quartiers ou dans les affaires de police, car les « nations » sont au-dessus de ces délires mielleux, et l'opportunisme, plutôt que le bien, devient le guide patriotique.

"Mais, mes enfants, alors que John Bull peint rapidement l'Afrique en rouge, nous garderons un esprit ouvert à l'égard de ce pays dont on parle beaucoup et peu connu, même si pour le moment ce n'est pas un endroit pour les saints ou les Shadowas.

« Je peux dire, en faisant référence à la couleur dans la discussion des questions de droit, que le « rouge » est considérablement respecté. De plus, ces dernières années, avec l'amélioration des goûts parmi les nations, « rouge, blanc et bleu », ainsi disposés, est tout à fait respecté, tandis que « jaune » est très démodé et « vert » est surtout admiré en uniforme.

« On ne peut guère douter que l'Afrique noire soit, d'ici peu, entièrement rouge, entièrement britannique – du moins en termes de langage, de sentiments, de sympathie humaine, de méthodes et d'aspirations sociales, industrielles et politiques, sinon d'allégeance ; et comme ses idéaux, seuls parmi toutes les races de la couche supérieure, nous satisferaient, nos enfants peuvent espérer une communication plus poussée avec ces colonies anglo-africaines.


## L'AMÉRIQUE ESPAGNOLE « DÉCOUVERTE ».

L'orateur hésita, puis jeta sur l'écran la carte de ce qu'il appelait « l'Amérique espagnole ».

« Ceci, mes enfants, dit-il, c'est l'Amérique espagnole, avec une superficie – comprenant l'Amérique centrale et le Mexique – de plus de 8 000 000 de milles carrés, et une population d'environ 50 000 000 d'âmes. Il s'agit d'un pays « nouveau », appelé « nouveau » par les Outeroos parce qu'il n'a guère été amélioré depuis que les anciens occupants ont été bénis et envoyés au ciel.

L'orateur prétendait que, en forêt, en sol, en richesses minérales et en toutes les ressources de la nature nécessaires à la subsistance d'une grande population, le Sud était probablement supérieur à l'Amérique du Nord ; pourtant, voyez la grande différence ! Le monde n'a jamais présenté une occasion aussi éclatante de peser les mérites des différentes races en tant que colonisateurs et civilisateurs que le montrent les conditions actuelles de l'Amérique du Sud et de l'Amérique du Nord, et toutes ces merveilleuses disparités résident dans le caractère des races envahissantes ou colonisatrices.

L'Amérique du Nord est sortie des reins de la Grande-Bretagne ; Sud, des reins de l'Espagne. Cela raconte l'histoire. Mais une comparaison de toutes les dernières entreprises coloniales du monde montre que la Grande-Bretagne occupe une position également favorable, car de toutes les dépendances « étrangères » de toutes les autres nations du globe, aucune ne jouit d'un degré suffisant de liberté. et le progrès social pour le rendre autonome – peut-être, sauf Java, aux mains des Néerlandais.

Les 50 000 000 d'Espagnols-Américains, observe-t-il, écrivent moins de la moitié du nombre de lettres écrites par 5 000 000 de Canadiens, et ils ont moins de commerce que 4 500 000 Australiens et moins de journaux que 800 000 Néo-Zélandais – et l'éducation et le commerce sont synonymes de civilisation.

## UNE TEMPÊTE.

Ici, le sage décrit de manière amusante une révolution hispano-américaine.

Il a dit:-

« Lorsque les jeunes gens d'une ville se lassent des excitations les plus communes, du théâtre et de la corrida, ils organisent une « révolution ». Pour cette « sortie », ils rassemblent leurs amis, s'arment, établissent un camp sur les collines éloignées et se préparent au « massacre ». Les « loyalistes » – des employés généralement salariés, accompagnés de quelques parasites – se précipitent à la rencontre des belligérants et s'approchent à une distance raisonnablement sûre, lorsque les deux camps « tombent », tirent simultanément, chacun au-dessus de la tête de l'autre. quand tous se brisent et courent vers le trésor.

« Si les 'loyalistes' gagnent la course, ils se votent un salaire supplémentaire, fument un cigare et font la *sieste* ; tandis que si les autres gagnent, le trésor est pillé, un nouveau groupe de commis est installé, les impôts sont augmentés pour réparer les dégâts, et les nouveaux « push » profitent de la *sieste* .

«La sécurité du public face à des changements trop fréquents réside dans le fait que le camp des 'loyalistes' est généralement placé entre celui des insurgés et celui du Trésor, de sorte que les 'loyalistes' ont un parcours plus court à parcourir dans la dernière ligne droite. .

« Pensez, mes enfants, à ce qu'aurait été la civilisation aujourd'hui si les Britanniques s'étaient contentés de rester sur leur île natale, ou si les deux Amériques avaient été détenues en permanence par la race espagnole – ou, à en juger par l'histoire ultérieure, par tout autre. que les anglo-saxons.

"Eh bien, mes amis, je n'ai aucun intérêt à faire prospérer un pays, mais si j'avais possédé toute l'Amérique espagnole en fief simple et que j'avais eu un bail emphytéotique sur Hadès, je louerais ma pleine propriété et résiderais sur mon autre holding."

(Léo remarque : « Oh, pour rire avec Sir Marmaduke. »)

"Non", dit le sage, "il n'y a rien qui soit digne d'être imité en Amérique espagnole, et il n'y a pas de place, sous le régime actuel dans ces pays, pour les vertus posées des Shadowas."

# SCÈNE VI.

## L'AMÉRIQUE « DÉCOUVERTE ».

OSEBA a déclaré qu'il allait maintenant retourner dans ses pâturages plutôt préférés. Il devait maintenant passer en revue la situation d'un pays unanimement reconnu, par tous ses millions d'habitants fiers et patriotes, comme étant le « plus grand pays », non seulement sur cette terre, mais dans l'Univers – et cela, bien sûr, signifiait l'Amérique. .

Léo Bergin, né en Amérique, semblait « à l'aise » avec ces gracieux compliments.

Oseba a déclaré qu'avant d'atteindre l'Amérique, ce pays avait été quelque peu « découvert » par un certain M. Morgan, qui en avait en grande partie confectionné dans un châle, mais qu'il était encore considérablement en activité.

Cette nation américaine, disait-il, est née des reins de la Grande-Bretagne, et ses fondateurs ont hérité de leur fibre de cette « terre classique de liberté ». Fortement imprégnés de l'esprit britannique et impressionnés par leur nouvel environnement, ils rompirent le fil de la tradition et, après avoir établi un gouvernement basé sur le consentement des gouvernés, ils démontrèrent la possibilité d'un État civilisé sans roi ni gouvernement. évêque.

Ici l'orateur devint éloquent, « comme à la manière née », et je cite :

« L'Amérique – l'Amérique du Nord – est le pays le plus noble jamais donné par Dieu à ses enfants – un pays sauvé à travers toutes les époques progressistes du monde pour une nouvelle expérience de gouvernement humain, et ici quelques aventuriers britanniques ont ouvert une succursale. Afin qu'ils puissent « adorer Dieu selon les préceptes de leur propre conscience », ils se précipitèrent dans leurs frêles barques, tournèrent leurs proues – les proues des navires – vers trois mille milles de vagues turbulentes et débarquèrent sur les rivages rocheux de Plymouth. Ici, défiant des difficultés titanesques, ils ont escaladé les montagnes, rasé les forêts, apprivoisé le sol et, au milieu de nombreuses défaites, ils ont arraché une glorieuse victoire. Ici, ils ont érigé de nouveaux autels, inauguré un nouveau destin et, bercés dans le berceau de la Liberté par les vents incessants du ciel, ils ont construit un temple dans les sanctuaires duquel les générations à naître pouvaient librement adorer.

Ici, les notes rapportent qu'un jeune homme dans le public souriait, tandis que la poétesse Vauline semblait agréablement surprise ; remarquant cela, Amoora Oseba hésita et dit :

"Eh bien, mes enfants, ces remarques seraient très modérées en Amérique, et un homme qui ne pourrait pas s'élever plus haut dans une 'occasion appropriée' ne serait certainement pas renvoyé en tête du scrutin."

Mais en matière de prospérité matérielle, l'orateur a déclaré qu'au cours du premier siècle de la vie nationale de l'Amérique, elle a obtenu non seulement un succès sans précédent, mais aussi sans précédent, et qu'au cours de la seconde moitié de cette période, elle a accumulé plus de richesse qu'aucune autre nation n'en a jamais possédée. Avec près de la moitié des chemins de fer du monde, elle a fourni la moitié des produits alimentaires et vestimentaires, et a fabriqué plus de marchandises que quatre autres nations – à l'exception de la Grande-Bretagne – et, grâce au génie inventif le plus brillant que le monde ait jamais connu, elle a fourni plus de biens. des dispositifs astucieux qui facilitent les soins et le labeur de l'homme, plus que tout le monde.

*Queenstown, les Remarkables au loin.*

En matière de progrès moral, elle a également réussi, car elle possédait environ les deux cinquièmes de tous les journaux du monde ; 72 000 bureaux de poste, 180 000 églises, 450 000 enseignants, et plus de bibliothèques et plus de lecteurs que n'importe quel autre pays ; tandis que plus de la moitié des institutions d'enseignement supérieur du monde lui appartenaient, et en ne comptant que les vrais Américains, des gens plus entreprenants, ingénieux, intelligents et instruits que toute autre nation.

« En vérité », a déclaré Oseba, « l'Amérique a été la plus grande contribution de la Grande-Bretagne au progrès du monde. Ces deux pays apparentés ont prospéré grâce à des intérêts réciproques ; par leurs méthodes industrielles, ils ont sorti le monde de la barbarie médiévale, et ils sont destinés à donner leur langue, leur civilisation et leurs notions de liberté à l'ensemble du genre humain.

Ici, la poétesse Vauline se demandait pourquoi l'Amérique, avec toutes ses grandes richesses et ses opportunités, ne serait pas un pays souhaitable où envoyer une colonie des Shadowas ?

"Un nuage était sur son front."

Oseba répondit : « J'aime si profondément ce grand et merveilleux pays, et j'admire tellement sa splendide audace, que je parlerais volontiers avec bonté, même de ses défauts ; mais, mes enfants, il n'y a pas que « de l'eau de rose et de la glycérine » dans le Yankeedom.


« En matière de richesse, d'entreprise, d'éducation, d'intelligence et d'opportunités de progrès ultérieurs, l'Amérique peut à juste titre prétendre être la première nation du monde, et elle a des « droits » qu'aucun autre ne voudrait contester. Mais,-

« Les gens, oh ! les gens,
ceux qui sont bien plus bas que le clocher.

Ce sont eux sur lesquels nous pouvons nous renseigner avec profit. Une nation peut être riche, même si son peuple peut être pauvre ; une nation peut être forte, tandis que son peuple est faible ; une nation peut être crainte parce que l'on peut compter sur son peuple pour obéir à des maîtres concepteurs, mais la véritable grandeur d'une nation doit toujours dépendre de la qualité des individus qui la composent.

« En Amérique, mes enfants, ils chantent de nombreux refrains. En écoutant de l'autre côté de la mer, les gémissements de désespoir se font entendre, mêlés aux chants inspirants des prêtres en robe, et, le cœur du public étant touché de pitié, le chef d'orchestre monte sur son piédestal, semble sereinement bienveillant et, levant son bâton avec des signaux gracieusement courbés. , la population s'unit d'une seule voix :—

"Venez, vous, des terres opprimées,
Venez, vous, de l'est et de l'ouest, Venez vous joindre à notre foule
heureuse, Venez vous joindre à un chant joyeux, - Car dans ce beau pays,
ni besoin, ni pauvre, Aucun roi n'opprime, non les mendiants cherchent la
porte. Sur les magnifiques genoux de Plenty, nous passons les jours, Venez,
« entrez dans notre piège » – pourquoi avez-vous besoin de tant de retard ?

« Ces tons doux étaient toujours censés aider à remplir les navires d'immigrants, les postes vacants causés par la grève et les poches des baby-boomers, mais juste au moment où les derniers échos faibles s'éteignent, surgit de la ruelle étroite « à proximité » - juste au large de Broadway - le gémissement plaintif: -

« Entendez-vous les enfants pleurer, ô mes frères,
Chaque fois que le chagrin vient avec les années ? Ils appuient leurs jeunes têtes contre leurs mères, et *cela* ne peut arrêter leurs larmes.
Les jeunes agneaux bêlent dans les prés, Les jeunes oiseaux gazouillent dans le nid,
Les jeunes faons jouent avec les ombres,
Les jeunes fleurs soufflent vers l'Ouest, — Mais les jeunes, les jeunes enfants, ô mes frères, Ils sont pleurant amèrement ! Ils pleurent pendant la récréation des autres, Au pays de la liberté.

« Bien sûr, mes enfants, ces lamentations empruntées peuvent venir de ceux qui ont été laissés de côté lors des dernières élections, car on ne peut pas toujours dire, en Amérique, d'où viennent les motifs inspirants du divertissement. .

« Laissez-moi vous raconter une petite histoire, mes enfants.

« Un après-midi de novembre, alors que j'étais dans un train en direction de l'ouest, j'avais pour compagnon de voyage un homme très intelligent, patriote et triste. Ses manières étaient sobres, sa voix était plaintive et il parlait avec sérieux de la condition de son pays.

« En sautant ses paroles les plus emphatiques et en atténuant certaines parties de ses phrases les plus sinistres, je vais vous réciter la substance de son fervent discours alors que nous nous précipitions à travers les plaines pour rattraper le soleil qui se couchait rapidement.

« Parlant de la grandeur de l'Amérique, mon ami a dit : 'Certains mots de qualification peuvent être nécessaires, ou les idées que l'on cherche à transmettre peuvent prêter à confusion.' Nous, Américains, dit-il, nous vantons de « l'égalité devant la loi », et pourtant, dans aucun autre pays civilisé, le favoritisme n'a été poussé à des extrêmes plus déplorables. Nous nous vantons de notre liberté, mais dans aucun pays un plus petit nombre d'hommes ne contrôlent les conditions dans lesquelles tous doivent vivre, et nous nous vantons de nos droits garantis par la Constitution, et pourtant le chef accidentel d'un parti peut exercer un pouvoir impensable pour n'importe quel monarque constitutionnel du pays. L'Europe □.'

« Mais avec un peuple si intelligent, ces abus ne peuvent-ils pas être réparés ? »

"'Intelligent?' dit-il avec un soupir. "On dit souvent aux Américains qu'ils sont très intelligents et libres, mais un peuple très intelligent mettrait-il du charbon avec autant de fureur dans le fourneau d'une locomotive qui conduisait rapidement son train vers le diable ?"

« En théorie, les Américains ont érigé le temple politique le plus symétrique, sur les autels duquel le fervent chef du patriotisme a jamais incliné une humble allégeance ; mais en pratique, dit-il avec émotion, eh bien, les chambres hautes sont occupées par des intrigants et les salles sont remplies d'une bande de changeurs d'argent plus rapaces que le Maître fouetté du temple de Jérusalem.

« Des dollars, des dollars, dit-il avec amertume, il n'y a rien en Amérique de plus puissant qu'un million de dollars. » Puis, après un moment de silence, il marmonna : « Oui, cinq millions, c'est plus puissant.

« Cependant, il serait ridiculement absurde, poursuivit-il tristement, qu'un Américain brandisse un signal de danger, car les plaisirs de l'occasion ne doivent pas être gâchés ; mais, dit-il avec une lueur de satisfaction, pendant que Belshazzar joue des tours à la fête, Daniel change ses pantoufles, se préparant à une visite. En fait, dit mon compagnon, l'Amérique est pillée par ses gardiens et, pendant que les Philistins rangent le butin, les idiots de Samson dorment sur les genoux de Dalila.

« Mon ami était éloquent et impressionnant – son langage était sinistre et expressif, ses manières étaient tout à fait américaines, et je sympathisais avec lui, car c'est triste de voir le patriote, assis la tête baissée et le visage solennel, contemplant la gloire déclinante de son son fier pays, et il semblait très sérieux.

«Eh bien», dit Oseba, «nous nous sommes arrêtés dans une jolie ville où régnait la confusion, et mon ami a déraille. En descendant, il rencontra des amis. Eux aussi avaient l'air malheureux et, curieux, je descendis et, observant un homme à l'air agréable sur la plate-forme, je m'approchai de lui et, faisant signe à la fête de mon défunt compagnon, je dis d'un ton interrogatif : « Funérailles ?

« L'homme a vraiment ri, et voyant mon sérieux et le fait que je n'étais pas de son pays, il a encore ri, et en jetant un coup d'œil au groupe de mon ami, il a dit : -

« 'Funérailles, étranger ! Nous avons eu des élections, et ce fut le pire glissement de terrain jamais vu dans cette région, et il... ha ! ha ! - est dehors dans le froid. »


Oseba, disent les notes, a remarqué que la cloche avait sonné, il a « fait signe » à son compagnon, est remonté dans son train, s'est laissé tomber sur son siège et... a réfléchi.

# UNE DIGRÈSSION.

Les notes indiquent que M. Oseba a été profondément affecté par les révélations de son « compagnon de voyage ». Il ne faut pas qu'il désespère.

Cette race est assez en vue depuis quelque temps déjà, et elle est d'une souche si mixte et si solide qu'elle semble dotée de l'esprit, sinon de « perpétuelle », du moins de longue jeunesse.

L'Anglo-Saxon n'a pas encore rempli sa mission, et l'Amérique ne devrait sûrement pas, si tôt dans sa carrière sans précédent, trahir des signes de décadence. Alors que « croître vite, dépérir rapidement » semble être une loi des nations aussi bien que de la nature, alors que la richesse est souvent une preuve d'injustice et que dans le nombre il y a souvent des germes de faiblesse, alors que l'Amérique est encore dans sa vigoureuse jeunesse. , il faut qu'il y ait dans sa force une vertu suffisante pour faire face à ces difficultés très apparentes.

Il ne faut pas oublier non plus que l'Amérique, même si elle disposait de grandes opportunités, avait devant elle une tâche formidable à sa naissance en tant que nation. Pour justifier un instinct britannique hérité, les « colonies britanniques » se sont révoltées contre un roi, trop hollandais pour apprécier un sentiment britannique, et un parlement, trop faible pour lui résister, et les colonies « anglo-américaines » sont devenues la « nation américaine ».

Mais les responsabilités de la nouvelle nation étaient aussi énormes que ses opportunités étaient fabuleuses. Politiquement, elle était à la dérive sans pilote ni boussole, et elle entreprit d'ériger un temple sur les autels duquel son peuple pourrait adorer, et, sans loi ni précédent, elle construisit, mieux qu'elle ne le pensait, une théorie du gouvernement, l'étonnement, l'orgueil. , et l'admiration d'un monde plein d'espoir.

Les têtes des gens auraient peut-être été un peu tournées, mais attirés par les opportunités les plus tentantes jamais offertes à l'homme, ils ont lancé une énergie éveillée contre les portes du trésor de la nature et ont rapidement marché parmi les dirigeants de l'art industriel. oui, à l'avant-garde. Pour défendre son commerce, sa petite marine fut la première à humilier les pirates barbaresques qui, pendant des siècles, faisaient chanter l'ensemble du commerce méditerranéen. Son drapeau fut bientôt visible dans tous les ports, et grâce aux bénéfices du commerce de ses produits, la Grande-Bretagne jeta les bases d'un formidable système industriel qui fit d'elle la maîtresse commerciale du monde.

Ses activités étaient industrielles, ses voies étaient des voies de paix. Bientôt, il transporta un tiers du tonnage océanique et les luttes de toute la race humaine furent facilitées par ses inventions.

Au cours de ces étapes formatrices du développement, la véritable pauvreté était inconnue et les grandes fortunes – telles qu'on les accumule aujourd'hui – n'avaient jamais été imaginées.

Mais quelle époque, et quel pays pour le développement du caractère ! En ces jours paisibles mais industrieux et économes est née cette splendide école d'écrivains, de poètes, d'essayistes, de philosophes, de publicistes et de réformateurs de la Nouvelle-Angleterre, ainsi que d'orateurs, d'hommes d'État et de patriotes des jeunes jours de la République. Avec de telles réalisations, M. Oseba, la liberté ne peut pas disparaître de la terre. Les anomalies grotesques en Amérique sont des incidents des temps changeants et vont bientôt disparaître.

Mais aux notes :—

« De la place pour une colonie ? De la quantité, mes enfants, mais pas de qualité alléchante pour nous.

"Non", dit Oseba, "j'aime sincèrement l'Amérique et son splendide peuple, mais le drapeau du progrès social a été transféré dans d'autres pays, donc l'Amérique doit tenir le téléphone, tandis que d'autres de cette splendide race - plus s'éloignent de la Classique". Îles – répondez aux appels de la justice et conduisez l'humanité vers une liberté plus large, plus élevée et plus noble.

« Eh bien, je vais appeler l'Amérique, car si chaque phase du récit est si charmante qu'on a tendance à flâner, nous apercevons des scènes à venir qui précipitent nos espoirs d'un but agréable.

« De la grande et grande Amérique, j'ai fait un long voyage océanique, mes enfants, et de « l'autre côté » j'ai trouvé le début de la fin de ma tâche, car ici, tous les rêves de tous mes voyages fatigués, et tous les Les espoirs de toutes mes visions imaginaires de choses meilleures se sont réalisés, et avec un cœur joyeux, j'ai tourné mes pensées vers les amis de Cavitorus.

*Le Rocher du Lion, 5000 pieds. haut, Milford Sound*

# SCÈNE VII.

## L'AUSTRALASIE DÉCOUVERTE.

Et ils envoyèrent des navires dans des pays lointains et rapportèrent de l'or, du cuivre et de la laine fine, et les marchands firent de grands gains.

À ce stade, Léo Bergin, aimé et perdu, note une courte pause, car, comme il y a partout une limite à l'endurance humaine, Oseba était devenu las.

Pendant la pause, nous informent les notes, il y a eu de nombreux chuchotements, de nombreux hochements de tête dubitatifs et de nombreuses craintes réelles exprimées quant aux résultats des conclusions du rapport.

"Nous avons parcouru le monde", a déclaré une matrone à l'air érudit, "et nous n'avons reçu aucun encouragement."

« Mieux vaut connaître la vérité », a déclaré un autre.

"C'est une question non négligeable pour Cavitorus", a déclaré un troisième.

Les gens se levaient ou s'asseyaient en groupes et conversaient sérieusement, certains consultant un petit globe placé au bord de la tribune. Au bout d'une heure, le peuple reprenait place, Amoora Oseba prenait place sur l'estrade, et l'assistance était toute attentive.

Lorsqu'il s'est levé, il a dit aux gens qu'il comprenait leurs sentiments, leurs espoirs, leurs craintes et leurs angoisses. Il avait fait de son mieux et ses camarades dévoués avaient été aussi soucieux que lui de leur pays bien-aimé et de sa cause. L'erreur est humaine, mais il vaut mieux être trop prudent que trop anxieux pour changer. Tous les changements ne sont pas synonymes de progrès, même si cela n'est pas toujours compris, même par les dirigeants du monde.

Il dit à son auditoire qu'ils n'avaient pas fini : on n'avait pas encore entièrement parlé d'Oliffa, car ils avaient fait d'autres découvertes. Il reste encore deux pays à inspecter, et il leur dit de prendre bonne courage. Il a déclaré que les pays sur lesquels il allait maintenant attirer l'attention étaient tout à fait « nouveaux » dans le sens où ils étaient connus, même des Outeroos eux-mêmes, mais depuis relativement peu de temps. Il alluma ensuite la lumière, exposa le globe entier et poursuivit :

« La Terre a pratiquement fait le tour du monde et, quand vous aurez tout vu, j'espère que vous serez satisfaits de mes efforts.

« Nous avons visité tous les pays habités par l'homme, et mes découvertes ont révélé de nombreux faits intéressants, suggérant de nombreuses conclusions.

« L'humanité, a soutenu M. Oseba, est semblable. Toutes sortes et conditions d'hommes sont issues d'une ascendance commune. Les grandes différences de forme, de couleur, de langage, de coutume et de mentalité ont été causées par les conditions environnementales variées qui ont lentement fonctionné au cours de nombreuses époques. A partir de passions communes, de besoins communs et d'efforts communs pour les satisfaire, l'homme s'est lentement avancé, le rythme variant selon que la nature invitait ou interdisait le mouvement.

« Mais le génie a anéanti le temps et l'espace. Le monde est en train d'être mis en contact, et la race qui a amélioré la ruse de la main et éveillé l'interrogation du cerveau est destinée à guider, unifier et dominer le monde.

« Les Anglo-Saxons sont un composé particulier de nombreuses tribus mixtes et robustes, et dans le génie de la race, il y a la potion magique qui donne le ton, le langage et l'inspiration à l'humanité.

« Mais le Britannique moderne est le produit fini des objectifs anglo-saxons et des aspirations héritées. Le Britannique est une trinité composée d'Anglais, d'Irlandais et d'Écossais, un mélange des vices les plus tenaces et des vertus les plus solides jamais trouvées dans une société organisée.

« Janus n'était pas un Britannique ; le Britannique n'a qu'un visage, et il regarde toujours vers l'avant. Le Britannique est costaud, alors il va de l'avant ; il est fatigué et il ne court jamais ; il est tenace, et il s'approprie tout sans rien faire. Ayant plus de besoins que d'industrie, il invente pour être satisfait. Il s'adapte aux nouvelles conditions, alors il hisse son drapeau sur sa nouvelle cabine et ses annexes en vue. Étant ennuyeux comme linguiste, les gens de tous les climats doivent apprendre son discours, ou s'abstenir du banquet du présent et… du futur.

« Oui, les Britanniques sont d'une race robuste. Ils ont été développés dans un climat agréable. Mais les gens ne peuvent pas vivre du climat, et ces gens avaient de l'appétit. *Rien* ne peut venir de rien. Les pensées et les actions sont des « produits », mais les produits finis révèlent toujours le caractère de la matière première. C'est étrange, argumenta-t-il, mais comme un homme mange, il est ainsi. Le Français mange de la grenouille et il danse ; l'Italien mange des macaronis et tient un orgue à main ; tandis que le Britannique se nourrit régulièrement de steak de bœuf et de lion, alors il erre et peint le monde en rouge.

« En moins de temps qu'il n'en fallait aux vieilles nations pour construire une ville, les habitants des petites îles britanniques avaient accaparé plus d'un cinquième de la surface de la planète et étaient maîtres des affections d'un quart de la population humaine. course. Mais les œuvres les plus nobles accomplies par ce peuple irrésistible vont maintenant être révélées, pour l'admiration de mes compatriotes.

Ici, il a orienté la grande sphère de quarante pieds selon un angle axial de vingt-trois degrés, exposant ainsi l'hémisphère sud. Après avoir remarqué l'orifice sud — la porte arrière du trou de Symmes — et la différence dans la répartition des terres et des eaux près des pôles respectifs, il tourna le globe de manière à donner une belle exposition de l'Australasie.

Dans l'attitude plus joyeuse d'Oseba, son discours plus facile et son visage radieux, il y avait une lueur de joie, et quand la portée de cette nouvelle scène fut appréciée, il y eut une généreuse salve d'applaudissements - Leo note, "presque de l'enthousiasme". .»

« Ceci, dit le sage Oseba, ce sont les « climats australs », la dernière terre sèche à la surface d'Oliffa, entièrement sauvée des ténèbres et vouée à la civilisation.

« Sa couleur indique sa condition sociale : elle est civilisée et libre, car sur Oliffa, mes enfants, le « rouge » est l'emblème de l'espoir. « Peindre le monde en rouge » signifie allumer la lumière, et John Bull porte toujours un seau de carmin sur lui – et il a souvent un « pinceau ».

Oseba a déclaré que dans toute l'enquête, il s'était efforcé de suivre l'exemple donné, il y a plusieurs siècles, par un personnage dont le conseil est constamment cité sur Oliffa - et plus constamment ignoré - de garder le meilleur jusqu'à la fin.

L'Australie était autrefois appelée une île, mais comme sa superficie égalait à peu près celle des États-Unis d'Amérique et presque celle de l'Europe – avec près de 3 000 000 de milles carrés – elle était maintenant considérée comme un « continent », bien qu'elle compte moins de 4 000 000 d'habitants. .

« De la place pour une colonie ? dit la poétesse Vauline avec quelque chose qui confine à l'émotion.

"Oui", a déclaré Oseba.

Mais procédons avec prudence. Je me résume.

Il a dit qu'il y avait beaucoup de « place » et que pendant un certain temps il y aurait « de la place à louer », mais en fait, bien qu'il s'agisse d'un pays charmant, habité par un peuple splendide, ce n'était pas tout à fait tout à fait ce qu'il semblait sur la carte. Aux frontières du « continent australien », et s'étendant sur des centaines de kilomètres, il y avait un pays très beau, mais il y avait un vaste intérieur qui, bien que rouge sur la carte, était presque trop mince même pour retenir la peinture.

En fait, une grande partie de la surface de l'Australie souffrait, comme beaucoup de ses habitants, d'une soif insatiable. Pour les non-informés, cet intérieur « sec » et chaud a donné à l'Australie une « mauvaise réputation », car les gens sont généralement influencés par le « son » et ils s'arrêtent rarement pour réfléchir au nombre de grands empires qui pourraient être créés à partir de ces frontières et plaines fertiles.

Il a décrit comment Cook « a trouvé » l'Australie en 1770 et comment, sous les instructions de Sydney, secrétaire aux Colonies, elle a été « colonisée » pour la première fois en 1779. Il a enregistré ses luttes et sa croissance au cours des années silencieuses ; comment l'autorité coloniale était exercée ; comment l'autonomie, ou ce qu'on appelle le « gouvernement responsable », a été établie ; et comment, pour atteindre les régions les plus reculées du pays à partir de sièges d'autorité commodes, plusieurs colonies autonomes furent formées.

En raison des dépenses élevées liées à leur arrivée, les immigrants appartenaient généralement à la classe supérieure ; et, en raison de l'éloignement de l'autorité centrale, le colon devint autonome et commença bientôt à appliquer de nouvelles idées à de nouvelles conditions.

Il s'attarda avec un plaisir évident sur le développement des villes des colonies continentales en tant que centres splendides de richesse et de population, et loua l'esprit qui était prêt à jeter la tradition aux vents et à expérimenter avec audace divers expédients qui semblaient une solution pour certains. problème urgent.

En décrivant les villes australasiennes, il a déclaré que Sydney était la plus belle ville du monde, avec une société qui, en termes de culture et de caractère, égalait celle de n'importe quel autre pays. Il admirait l'esprit de compétition entre les différents ou plusieurs centres politiques et les nombreux écarts par rapport aux vieilles notions.

Le courage du peuple dans l'adoption de nouvelles méthodes politiques et le réarrangement des relations entre les gouvernements et les forces industrielles semblaient lui plaire grandement.

Il a déclaré que « ces colonies autonomes, suscitées par les opportunités invitantes d'un environnement nouveau, inspirées par une sphère de liberté indéfinie, avec une volonté imprudente de recourir à de nouveaux expédients pour accomplir de nouveaux objectifs, avaient produit en Australasie, en tout les éléments essentiels de la vraie valeur, le type moyen d'homme et de femme le plus élevé à la surface d'Oliffa – avec probablement la Nouvelle-Zélande, plus isolée, en tête.

Oseba a déclaré que les Australasiens jouissaient d'un niveau de vie moyen plus élevé que tout autre peuple ; ils étaient mieux éduqués, mieux habillés, mieux nourris et mieux logés et, si l'on compare les choses sur des bases identiques ou similaires, ils étaient les plus grands commerçants du monde, avec un pouvoir bancaire proportionnellement beaucoup plus grand que n'importe quel autre peuple. En proportion de leur population, ces 4 500 000 Australasiens possédaient quatre fois le capital des habitants des autres grands pays et leur commerce était quatre fois plus important.

Il a applaudi la tendance à détenir les terres à des loyers nominaux ou faibles pour l'usage du peuple ; la construction, la propriété et la gestion des chemins de fer, des télégraphes, des téléphones et autres services publics, par le gouvernement pour la commodité et l'usage des gouvernés, comme le summum de la sagesse politique.

Il affirmait que les Australasiens avaient confirmé toutes les leçons de l'histoire, car toute l'expérience enseignait que seule l'entreprise coloniale pouvait garantir la sécurité des expériences législatives et que les idées avancées se cristallisaient en lois. Les petites communautés pouvaient expérimenter en toute sécurité, et lorsque le peuple prenait le dessus, les dangers possibles liés à des changements rapides étaient préférables à la moisissure de la stagnation.

En termes de progrès politique et social, de prospérité matérielle et de valeur morale, les habitants d'Australasie étaient visiblement en tête du cortège.

Ce n'est que sous l'influence de l'entreprise coloniale que la liberté réelle a jamais remporté une victoire substantielle, et ce n'est que grâce aux expédients suggérés par les nécessités coloniales que de grands changements économiques se sont produits rapidement.

L'Amérique, dans sa jeunesse libre et intrépide, surpassait de loin la mère patrie en matière de législation libérale et de progrès économique, mais le boulet de la richesse accumulée et des « intérêts particuliers » l'a accablée, et elle s'est retirée du leadership, tandis que l'Australasie, avec son nouvel environnement et son environnement inédit. l'expérience de tous les âges passés à contempler, lui proposait de voguer un peu plus loin sur les mers invitantes du progrès social, et son succès avait justifié la sagesse de sa détermination. À une époque où de nombreuses autres nations poussaient presque follement des expériences coloniales, elle avait écrit un nouveau volume corroborant l'évidence des siècles selon laquelle seule la Grande-Bretagne, de toutes les nations modernes, possédait les qualités requises pour une colonisation réussie.

« L'Australasie mérite bien du monde », a déclaré Oseba, « car, sous les normes distinctes de ses nombreux chefs coloniaux, elle a propulsé son peuple vers une position des plus avancées.

*Vue sur le glacier Mueller depuis Ball Pass, mont Cook.*

« Mais en Australie proprement dite, un changement est survenu récemment qui doit nécessairement freiner la rapidité des progrès australiens. Six des colonies australasiennes – la Nouvelle-Zélande ne les rejoignant pas – ont quitté la ligne d'escarmouche et se sont formées en une masse moins mobile. L'infanterie légère s'est dotée de lourds sacs à dos ; l'artillerie volante a été transformée en canons de siège. Les « États » sont désormais ancrés dans le passé et le « Commonwealth » doit être lourd. Les membres de ce compact peuvent s'irriter, mais les chaînes sont inflexibles, et la lourde carcasse, dans laquelle tous les bagages ont été jetés, se trouvera d'une lenteur encombrante dans ses mouvements.

« En tant que groupes sociaux, les Australiens, dans leurs « colonies libres », étaient dans leur jeunesse vigoureuse : ils étaient dynamiques et ambitieux. Ils ont regardé à l'étranger, ont vu ce que d'autres avaient fait et ont dit : « Faisons un pas de plus ». Etant libres et autonomes, ils ont pu adapter en toute hâte leur machine politique aux exigences locales.

« Inspirés par des environnements nouveaux, de grandes opportunités et de dures nécessités, les Phéniciens et les Grecs, en tant que colonisateurs, ont donné à l'Europe ses instincts commerciaux ; et, inspirés par des opportunités et des nécessités similaires, les Britanniques ont non seulement fait des rêves des anciens une réalité, mais ils ont également créé et solidement établi la civilisation moderne. L'Amérique est la Carthage de la

Phénicie. L'Australasie est la *Magna Grecia* de la Grèce. L'Australie a bien joué son rôle.

« Mais un nouveau roi est venu, mes enfants, « qui n'a pas connu Joseph », et aucun Moïse ne peut sortir rapidement le peuple de l'ombre du « Commonwealth ».

« L'Australie a un climat agréable ; elle possède des acres vastes et fertiles, suffisamment pour soutenir un grand empire ; elle a un peuple magnifique et elle a fait progresser le progrès social de plusieurs lieues, mais une exubérance « tribale » a été entravée par l'allégeance à une autorité centrale, de sorte que la direction du progrès social doit être confiée à des mains moins encombrées.

« Le monde reste muet en admiration devant les réalisations sociales de l'Australie ; mais, pour satisfaire l'ambition de quelques hommes qui désiraient un champ plus large pour déployer un talent splendide, elle a perdu ses « manches », et la « Nouvelle-Zélande » a la batte.

« Lorsque l'orchestre du Commonwealth s'est formé, on a murmuré à travers 1 200 milles de mer jusqu'en Nouvelle-Zélande : « Veux-tu entrer dans mon salon ? mais le robuste Seddon répondit : « Non, merci ! nous allons continuer et allumer un peu plus de lumière.

« Ensuite, pendant que j'aime les Australiens et que j'espère toujours leur prospérité future, nous « sonnerons » et passerons en revue le dernier, le plus beau, le plus libre et le plus invitant jamais exploré par l'homme, car déjà les couleurs sont dans de bonnes mains, et les dirigeants ont proposé de franchir une nouvelle étape.

En guise de conclusion, le sage Oseba a déclaré que la Chine, même avec ses « opportunités », ne présentait aucune variété ; et même si le Japon offrait de la variété, il n'y avait pas de place. L'Europe était trop fortement attachée au militarisme pour une croissance mentale saine ; La Grande-Bretagne est devenue un parc pour ses nobles ; L'Afrique a eu la peste noire ; L'Amérique appartenait aux trusts et était gérée dans leur intérêt par les chefs du parti ; et l'Australie, comme un enfant qui réclame des bracelets, avait mis des menottes.

« Ainsi, aucun de ces tableaux ne répond aux exigences de notre commission », a déclaré l'orateur, « et je vous invite maintenant, mes enfants, à une autre série de tableaux dans notre galerie élaborée – c'est ma dernière « découverte ».

Ici, en attendant le réajustement des instruments, le public s'est livré à quelques instants de conversation animée, car les promesses semblaient plus encourageantes. Mais bientôt M. Oseba s'avança avec une dignité confiante et dit d'une voix agréable :

«Mes éminents collègues et vous, mes chers compatriotes, je vous ai retenus longtemps et, pour que vous puissiez apprécier mes conclusions, je suis entré dans les détails dans mon examen approfondi. Je vous ai montré plusieurs de mes découvertes, sur la surface extérieure de notre planète ; J'ai expliqué les systèmes politiques de nombreux peuples et j'ai observé le jeu de vos émotions à mesure que les conditions des hommes étaient décrites ; mais je ne vous promets maintenant que d'agréables révélations, car en beauté, en climat, en sol et en situation sociale, je vais vous montrer le paradis d'Oliffa, et cela signifie une partie de l'Australasie qui a refusé d'adhérer à la fédération dont j'ai parlé — cela signifie la Nouvelle-Zélande, sur la carte, « Zealandia », avec les poètes, mais Zelania, comme on l'appellerait dans notre discours plus musical, et par ce titre euphonique nous parlerons de cette charmante terre. Ceci, mes enfants, fut ma dernière découverte, et même si de nombreuses personnes sur Oliffa ne se soucient pas du tout d'être découvertes, j'espère que les « Zélaniens » ne regretteront jamais d'avoir atterri sur leurs rivages paradisiaques.

# SCÈNE VIII.—Acte I.

## ZELANIA—M. LA DERNIÈRE DÉCOUVERTE D'OSEBA.

BLEU plusieurs pages éloquentes, je suis ici contraint d'user de la discrétion qui m'est généreusement donnée, en choisissant moi-même les modalités d'introduction des scènes de la dernière découverte de M. Oseba.

*Bain d'Hinemoa, de renommée légendaire*

Il a été mentionné précédemment que Leo Bergin avait « travaillé dans un journal en Nouvelle-Zélande », et ici cela semble être le lieu approprié pour revenir sur ce fait réjouissant.

Leo note que, en attendant un réaménagement de la scène, il y eut un bref entracte, et plus tard, devenu las d'une attention tendue et somnolent des plaisirs apaisants de l'occasion, ses pensées revinrent en arrière sur les années silencieuses, et tombant dans une rêverie à demi inconsciente, il saisit le fil et tissa à partir des scènes palpitantes du passé le panorama d'un rêve agréable. Dans son chant, nous captons les échos d'un adieu à sa terre natale et, flottant dans des royaumes sans but, il suit le chemin détourné d'autres jours, où surgissent vaguement les fantômes fugaces de plaisirs à jamais disparus.

Nous ne connaissons pas le mystère d'un rêve, mais dans le cerveau de Leo Bergin, les montagnes blanches s'élèvent, les mers agitées gémissent et les scènes de Zelania toujours enchanteresse se déroulent comme un parchemin magique. Dans une phrase modeste, il chante les souvenirs de ses premières pérégrinations, et pour que, grâce à ses lueurs mentales, nous puissions atteindre une plus haute appréciation des vues qui se déroulent, je cite ses rimes ondulantes :

## LA REVERIE DE LEO BERGIN.

DOUCE maison, adieu ! Avec un équipage vent'rous,
je navigue sur le bleu de l'océan.

TANDIS QUE nous sautons, l'œil balaie
les bords courbes des profondeurs.

LES jours passent, je regarde et je soupire,
Mais rien n'apparaît, sauf la mer et le ciel.


VOIR! là s'élèvent, sous les cieux du Sud,
des îles vertes qui accueillent notre heureuse surprise.

OH! de belles îles, où la nature sourit
et fait signe aux « après-temps ».

ICI, la fantaisie a puisé, de l'ancien et du nouveau,
pour donner à l'âme une vue étendue.

AVEC un air si doux et un paysage sauvage,
les Parques ont persuadé, dirigé et souri.

Ô ! PIC ESCARPÉ ! Ô ! Monstre des tremblements de terre,
si je n'avais que des mots à ta disposition.

Nous prenons
NOTRE ROUTE, À TRAVERS BALAI ET FREIN, Pour contempler le lac brodé
de fougères.

CES lacs si doux, au pied des montagnes,
Où se rencontrent des étrangers fatigués, des étrangers.

LES eaux bleues, avec une pirogue rapide,
Nous effleurons, pour des aperçus étranges et nouveaux.

NOUS levons les yeux vers les hautes montagnes,
Là où les sommets enneigés embrassent le ciel.

O'ER des gorges profondes, où les ombres rampent,
les nuages sombres se regroupent, s'arrêtent et pleurent.

D' humeur rêveuse, nous faisons une pause et réfléchissons :
« Au milieu d'une solitude impressionnante.

NOUS énumérons un rugissement qui surgit
des scènes de danger que nous explorerions.

POUR ah! le sortilège! le puits du geyser,
Qui lance les vapeurs sulfureuses de l'enfer ;

QUI jette en haut, avec un soupir sourd,
d'énormes rochers qui frappent le ciel tacheté de nuages.

MAIS écoutez, bandes venues d'autres pays,
ce monument de splendeur se dresse,

DANS les mers du Sud, le drapeau déployé était lancé :
« La merveille du monde ».


ALORS QUE nous parcourons ici le plan de la vieille Nature,
nous recherchons sa dernière et meilleure œuvre : un homme.

LO! il apparaît! ni les espoirs ni les craintes
n'ont tourmenté son âme au cours de toutes ces années.

AVEC une fierté hautaine – ni prêtre ni guide –
Il dirigeait le pays, comme le faisait un guerrier.

ICI chef courageux, ici roi et esclave,
Leurs vies ont été données par la guerre et les incursions.

ICI , la servante sombre n'avait jamais peur
de se joindre à la mêlée, dans un bosquet ou une clairière.

AVEC leurs cheveux ondulés et leur beauté rare,
ces jeunes filles au cœur courageux ont pris au piège.

QUAND la beauté sauvage d'un chef séduisait,
il regardait avec des yeux liquides et souriait.

L'AMOUR fait amende honorable et mélange souvent
les factions belligérantes sauvages en amis.

MAIS avec une forte volonté et l'habileté des membres de la tribu,
les Maoris étaient encore invaincus.


LÀ OÙ la nature, bienveillante, développe l'esprit,
l'homme est enclin aux pensées plus nobles.

BIEN QUE courageux, il est doux ; il aide les faibles,
et recherche une haute compagnie.

DANS le train social, par la main et le cerveau,
Il gagne et détient un vaste domaine.

IL construit un État ; c'est faible ou grand,
Comme basé sur l'amour, ou favorise la haine.

SI les yeux de la Sagesse scrutent les cieux,
Avant que leur touche magique n'apparaisse

INDUSTRIELS , où les cœurs fidèles
peuvent élever et remplir les marchés commerciaux.

SI elle est forte et juste, et fidèle à la confiance,
la pièce de monnaie de la Vérité ne pourra jamais rouiller ;

ET les sages voient que nul n'est libre,
sauf là où règne une grande égalité.

LÀ OÙ la loi l'ordonne, ces mains robustes
cultiveront librement les terres ;

AUCUN esclave lâche, mais libre et courageux,
ne sera toujours prêt à sauver.

AINSI, une valeur honnête, sur toute la terre,
Les conditions font, même plus que la naissance.


« Le destin a dit : ces îles doivent attendre,
bâtisseurs d'un État idéal.

PUIS, avec la brise, traversant les mers du Sud,
le Britannique est arrivé, avec de hauts décrets.


DE NOUVELLES scènes surgirent, de vieilles blessures se refermèrent,
Et l'amitié règne entre d'anciens ennemis.

CAR la haine des Maoris, par compétence et − « destin » −
a été fusionnée dans « l'État » britannique.

UNIS , libres, ils acceptent désormais
de vivre en paix : « Qu'il en soit ainsi. »


ENSUITE de cet homme, et si nous le pouvons,
nous suivrons son plan mystique.

CAR il semble sage, même dans nos rêves,
De construire, avec soin, des thèmes prophétiques.

ALORS évaluons le Voyant et le Sage,
comment ils franchissent l'étape mystique de la vie.

PREMIÈREMENT, à propos des morts, on peut dire :
Bien que le cœur soit chaud et la tête froide,

ILS ont vu le nouveau, et bien que peu nombreux,
ils ont posé des fondations solides et vraies,

SUR lequel élever sans crainte
Ce temple, si imposant ici.

PAR des mots sublimes, en prose et en rimes,
Ils ont enseigné, pour des temps éternels.


PUIS vint Seddon, sans le nom duquel
ce temple était une charpente inachevée.

MAIS sous ses soins, avec un air gracieux,
La structure s'est élevée, avec une belle finition.

SON coup vigoureux a réveillé les temps,
Comme il a brisé les règles de la Tradition.

SUR le pays, il dispersa des bandes,
Avec des cœurs disposés et des mains robustes.

À ceux qui étaient autrefois déchirés par le mécontentement,
Il a envoyé une justice équitable.

DÉSORMAIS, sur l'État, ni la peur ni la haine
ne pourraient trouver de compagnon, petit ou grand.

REGARDEZ par-dessus la terre, du sommet à la plage,
Il y a du bonheur partout.


ICI Villes rares, extrêmement belles,
la Zéalanie se vante, avec un air modeste.

À la veille ou à l'aube, nous contemplons
le Wellington animé et « soufflé ».

ICI, les produits grands pour les navires attendent,
Et ici reposent les pouvoirs de l'État.

ICI, les lois fondatrices, pour une grande cause,
L'homme d'État prolonge la session.

ICI, valeur modeste et gaieté familiale
trouvent plus de respect que de rang ou de naissance.

IL Y A aussi Auckland, entre vous et moi.
Un endroit d'une beauté surpassée par peu de gens.

AUTOUR de cette belle crique, la vieille nature s'efforçait
de montrer les exploits inconstants de Jupiter.

VOLCANIQUE en fureur s'est brisée,
Jusqu'à ce que les cieux se réveillent tous.

LORSQUE LE CIEL FUT DÉGAGÉ, un siège pour le paradis terrestre apparut

.


AU pied des montagnes, là où les laves se rencontrent,
Auckland se trouve là, sereine et douce.

AVEC les mers devant, juste à sa porte,
Où de fiers navires naviguent pour toujours.


NOUS notons avec soin qu'il y en a peu avec Christchurch
qui puissent être comparés en toute sécurité.


POUR la fierté de sa race, pour la grâce sociale,
Elle occupe une place élevée et honorée.

«AU MILIEU D' une plaine fertile de céréales ondulantes,
Nous cherchons en vain un endroit plus charmant.

ICI , âme et cerveau ; ici, servante et époux,
Une pure compagnie entretient.


DUNEDIN se dresse, sur des terres privilégiées,
entre les hautes montagnes et les sables océaniques.

SUR le point de la beauté, le « Canny Scot »
a jeté son sort toujours heureux.

AVEC goût et habileté, de rocher en ruisseau,
Dunedin atteint le long de la colline.

AVEC une vision libre - sous le vent -
Dunedin regarde la mer.

BEAUCOUP d'autres, entre colline et rivage,
sont dignes de l'histoire du poète.

MÊME SI je cherche durement, les mots sont faibles,
De plus nobles beautés doivent maintenant être parlées.

TANDIS QUE les villes étaient, d'une beauté rare,
construites par l'homme, avec un soin étudié,

LA vallée, le vallon, le lac, le marais
ont été créés par Celui qui fait les hommes.

LES champs de céréales, où l'honnête serviteur
gagne du pain honnête, ne s'agitent pas en vain.

POUR l'Occident et l'Orient, l'homme et la bête
Attendent de se joindre au festin de Zealania.

ET de tous les pays, par des mains habiles,
Des voiles blanches sont tendues pour les brins Australs.

ICI , le blé le plus fin, par de nombreuses flottes
, est envoyé aux marchés étrangers pour se rencontrer.


ET la toison la plus fine — en guerre ou en paix —
Ils la tondent pour accroître leur richesse.

AVEC la viande la plus raffinée, à la fois saignante et sucrée,
dans « Merry England », ils rivalisent.

DANS la ferme ou la mine, avec de la nourriture ou du vin,
Pour diriger les dirigeants qu'ils inclinent.


PAR habileté ils enroulent les fils du labeur
Autour des richesses du sol.

ET , dans l'intérêt du gain à réaliser,
ils entreprennent de grandes entreprises.


EH BIEN , de loin comme de près, nous nous sommes réunis ici,
et dans l'ensemble, cela apparaît

QUE des buts plus élevés et des âmes plus nobles
Sont ici, qu'ailleurs, entre les pôles.

MAINTENANT, réveille-toi, ma Muse, ne refuse pas
de payer une honnête cotisation à « mon hôtesse ».

POUR les dames, d'une beauté rare,
Zealania se vante d'être incomparable.

ET des sourires plus doux que nous ne rencontrerons jamais
Jusqu'à ce que nous nous inclinons aux pieds de Peter.

RÉVEILLEZ-VOUS à nouveau et écoutez, lorsque
vous contemplerez les hommes forts de Zealania.

C'EST le sort qui l'a écrit, seuls les grands hommes
pourraient constituer ce noble État.

ALORS chantez pour tous, grands et petits,
Chacun à sa place, afin que personne ne tombe.

LES rêves des voyants, les espoirs et les peurs,
Se sont rassemblés pendant de longues années silencieuses,


ET sur ces îles, avec des sourires radieux,
furent jetés les « après-temps » thésaurisés.


ZEALANIA , tu es l'héritier
De tous les cris de la prière antique.

ICI des bandes robustes, aux mains généreuses,
Sont les gardiens de ces terres privilégiées.

ALORS salue-toi trois fois – que cela suffise,
tu es le paradis de la création.


OH! flotter - comme la brume en mai,
ou les embruns au milieu de l'océan aux teintes arc-en-ciel.

"JE ME RÉVEILLE pour sentir - s'il vous plaît, sans vouloir vous offenser -
Pardonnez mon indolence somnolente."

Eh bien, en effet, c'est joli ; mais passons des fantaisies de Léo aux faits de
M. Oseba, et tandis que je m'efforcerai de conserver un assaisonnement de
la richesse de M. Oseba, le temps et l'amour de la facilité murmurent de
manière convaincante les vertus du crayon bleu.

Avec une éloquence plus animée, M. Oseba reprit son discours. «Le public»,
dit Léo Bergin, «a accordé la plus grande attention».

"La connaissance", a déclaré M. Oseba, "est un trésor inestimable, mais", a-t-il poursuivi avec un sourire, "beaucoup de bonnes histoires ont été gâchées par une curiosité excessive. L'imagination poétique souffre des flirts avec la cause et la conscience. À moins d'une enquête approfondie, mes enfants, il est plus sage, dans la plupart des cas, de noter des impressions que de prétendre enregistrer des faits, c'est pourquoi je ne vous donnerai qu'une vue « à vol d'oiseau » de ces îles enchanteresses, avec les personnages tels qu'ils sont. est apparu devant la caméra visuelle lorsque j'ai fait mes observations.

« Si j'étais allé fouiller parmi les gens fatigués de Zelania, j'aurais sans doute trouvé de nombreuses personnes excellentes qui, à un moment donné de l'enquête, auraient remis en question l'exactitude de mes conclusions. J'aurais pu entendre quelques soupirs, au milieu de la joie presque universelle, quelques sourires aux félicitations générales, et quelques gémissements discordants mêlés aux généreux applaudissements, mais là où il n'y a pas suffisamment de diversité d'intérêt pour produire des frictions mentales, il y a plus de danger de décomposition. que de la révolution.

« Oui, j'ai tendance à penser que si je m'étais tenu au coin et que j'avais écouté, j'aurais rencontré des messieurs aisés qui n'aimaient pas l'impôt foncier ; certains hommes d'affaires qui n'aimaient pas la législation du travail ; certains agriculteurs, qui voulaient bénéficier d'un transport gratuit et sans loyer ; des hommes patriotes qui n'ont pas réussi à admirer bon nombre des méthodes adoptées par « Richard ». J'aurais pu aussi trouver des messieurs en bonne santé de « Home » qui, bien que leurs conditions se soient améliorées en venant, ont peu d'amour pour « les coloniaux » et qui, en raison de leur refus de comprendre la véritable situation, considèrent chaque affirmation d'un fait comme une extravagance, et tout mouvement en avant comme une révolution. Ensuite, j'aurais dû juger nécessaire de rechercher dans quelle mesure ces critiques étaient dues à des intérêts privés, à une ambition déçue, à des préjugés de parti ou de faction, ou à des divergences d'opinion quant à savoir qui occuperait le mieux la présidence.


« Pour cela, je n'avais ni le temps ni l'envie. L'homme peut tergiverser, peut même mentir, dit-on, mais les conditions visibles ne trompent jamais un étranger qui l'observe, et lorsque j'ai considéré la brève histoire de ce pays et comparé ses premières politiques sociales et politiques avec la situation actuelle libre, heureuse et prospère, j'ai compris. n'avait guère envie de se régaler de griefs privés ou de critiques publiques.

« Ce qui m'inquiétait, ce n'était pas les salaires des fonctionnaires, mais le caractère de la conscience publique ; non pas sur qui, pour le moment, guidait le navire d'État, mais sur la manière dont les passagers et l'équipage étaient amenés à destination.

« Sur une colline isolée, loin de la foule murmurante, j'ai levé mon verre et, sans goûter aux fluides dont les acteurs de théâtre s'inspiraient, j'ai noté mes « impressions ». Ils étaient favorables, et si je ne suis coupable de rien de pire que de ne pas avoir noté les défauts de ceux qu'ils ont choisis comme maîtres de piste du spectacle, je sens que les Zélaniens ne regretteront pas de les avoir « découverts ».

"Comme les beautés de Zelania transcendent jusqu'à présent les pouvoirs du pinceau du peintre et la métaphore du poète, je lui rends hommage de mon admiration, dans un discours modeste."

## DANS UNE MERVEILLE SILENCIEUSE.

« Dans leurs merveilles pittoresques, ces îles ludiques présentent une série particulière de charmes palpitants, qui semblent satisfaire au mieux les aspirations de ceux qui ont visité d'autres terres.

« En géographie, Zelania est magnifiquement isolée, car chaque plage est baignée par plus de mille kilomètres de mer. Ses frontières sont si irrégulières, si découpées par des baies, des ports et des criques, que ses rivages s'étendent sur plus de 4 000 milles et, en altitude, s'étendent du bord de la mer jusqu'aux nuages.

« Du point de vue figuratif, c'est plus doux qu'un rêve, et du point de vue topographique, il présente un aspect des plus romantiques et des plus agréables. En termes de beauté des paysages, les îles de Grèce, les lacs d'Irlande ou les « vallées du Cachemire » ne le surpassent pas, et dans la sauvagerie impressionnante de sa grandeur montagneuse, il rivalise avec les scènes les plus nobles de Norvège ou d'Alaska.

« D'une audacieuse magnificence, les gloires glaciaires des Alpes suisses sont des comparaisons apprivoisées, et ses geysers, ses lacs bouillonnants, ses cheminées rugissantes de feux souterrains, ses centaines de chaudrons jaillissants, ses grottes et ses cascades, ne pourraient être surpassés, si tous les le reste des merveilles d'Oliffa ont été rassemblées et exposées - une telle congérie de curiosités a la nature jetée sur les genoux de la jeune Zelania.

«Quand la nature a créé Oliffa, mes enfants, elle a nourri une intention sournoise de montrer son talent lorsqu'elle était dans la fleur de l'entraînement. Dans cette optique, alors qu'elle modelait adroitement d'autres terres et les tempérait depuis son laboratoire, elle jetait de côté les morceaux de matériau de choix et prenait des notes sur « l'effet ». Puis, après avoir fini le reste, et « voici, c'était très bien », avec un regard vers les dieux de la galerie, elle dit : « Maintenant, regarde-moi !

*Waimangu Geyser.—Semi-quiescent.*

« Alors, comme le sculpteur qui a plusieurs modèles pour une figure, un pour copier

le bras le plus parfait, un la main, un autre le genou et un autre encore pour le pied – ainsi, elle, choisissant parmi les plus parfaits de tous, ses œuvres précédentes, améliorées chacune, et dans son humeur la plus heureuse, elle façonna Zelania et l'ancra dans ces mers du sud. Puis elle a souri et... a fait une *sieste* .

*Waimangu Geyser jouant à une hauteur de 1 500 pieds. La deuxième merveille du monde.*

"Géologiquement", dit Oseba, "Zelania est un ancien tas de terre, mais ici tous les jeux auxquels la nature fringante a joué dans sa turbulente jeunesse, avant que l'Atlantide ne coule du sein de l'Océan, avant que la Méditerranée n'éclate à travers les colonnes d'Hercule, avant que le soleil et les vents boivent les eaux du Sahara, et peut-être avant que le grand Chimborazo ne soit, elle reste encore sur scène pour l'édification ou la terreur des dieux et des hommes.

« À Rotorua, ce lieu de rendez-vous des fées et des démons, l'homme peut jouer avec la nature comme le faisaient les divinités d'autrefois avec les filles des hommes ; tandis qu'à Waimangu, le geyser le plus puissant du monde, on peut se tenir en toute sécurité à quelques mètres de distance et contempler une scène de crainte palpitante qui bannit toute conscience, à l'exception de celle de l'effroi et du pouvoir.

« Se tenir près du bord et contempler cet acre de monde sombre projeté à mille pieds dans les airs vaut la peine de faire le tour de ce petit globe. Le langage ne donne qu'une faible lueur de passion humaine, et chaque effort pour décrire cette scène n'apporte qu'une conscience pathétique de la fragilité humaine. En voyant cette puissante convulsion, même les irréfléchis restent immobiles et muets, et comme Milton est mort, Waimangu ne sera jamais décrit avec des mots.

« Les innombrables lacs de montagne, les fjords sauvages – du fond desquels on voit rarement le soleil – les solitudes ombragées, si douloureuses encore qu'on frémit d'un sentiment glacial de solitude, et les glaciers et les cascades faciles d'accès – dont beaucoup ont un une plongée de plus de mille pieds qui étonne le voyageur alpin, fait frémir et étonne le spectateur.

« Mais pour celui qui aime le fusil et la verge, il existe des occasions si tentantes de détourner l'attention que l'imagination trouve une détente immédiate, et ainsi le corps et l'esprit gagnent en vigueur à mesure que les scènes et les jours passent.

« Ensuite, les merveilles de Zelania pourront être visitées avec facilité, confort et parfaite sécurité. Ses fureurs sont sur leur bonne conduite, et sauf aux confins de ses terreurs, ses aspects sont aussi sereins que le ciel azur du ciel. Ses montagnes sont rarement perturbées par les délires de Pluton, ses grands geysers sont puissants, mais pas dangereusement erratiques, et ses sources bouillonnantes sont si aimables qu'elles peuvent être étudiées et observées en toute sécurité à courte distance.

"Zelania, tu es de loin la plus belle terre,
jamais rêvée du destin, ni élevée par la main rusée de la nature. Tu as des sommets qui percent le ciel, couronnés de neiges éternelles, mille chaudrons bouillants, chauffés d'en bas. Tu es" ve glaciers éclipsent les scènes alpines et les fjords sont plus sauvages que la Norvège. Une fois façonné, Dieu a regardé et a souri.

« Le fait que la nature ait géré ce pays de manière plutôt imprudente dans les premiers temps géologiques est tout à fait évident, mais à l'exception de l'activité des geysers et des lacs bouillonnants – qui jouent pour l'amusement des visiteurs – et des agitations occasionnelles lorsqu'un grand personnage s'approche trop près du bord, *terra se porte* de manière satisfaisante depuis que les dirigeants actuels ont été nommés au début des années 90.

« Dans toutes ses caractéristiques naturelles, c'est un pays d'une variété illimitée. Le climat varie de la Finlande à l'Italie ; et dans la production, grâce à une transplantation intelligente, la plupart des nécessités de la vie civilisée sont ici.

Ici, les notes disent que la poétesse Vauline a demandé si M. Oseba n'avait pas minutieusement décrit certaines de ces scènes merveilleuses dans son rapport. Avec un air révérencieux, le sage répondit :

« Non, mes enfants, tenter cela, c'était profaner le don et celui qui donne la parole. Seul celui qui contemple ces merveilles peut les apprécier. Lorsqu'elle y est confrontée, la grandeur de l'infini peut être ressentie par une âme sensible, mais à travers un interprète, toutes les tentatives échouent. En voyant une scène, je me suis découvert et j'ai incliné la tête en silence. [A] Des mots ! ils n'avaient aucun sens.

Oui, et j'aiderai M. Oseba, car j'ai observé ces choses et j'ai lu quelque part comment certaines sortes « se précipitent » là où même les anges ont tendance à hésiter.

*Le Peintre est venu !*

Croisant les bras, il releva sa tête baissée et regarda avec une affreuse pensée.

Il se tenait dans un rêve ravi; "Oh mon Dieu, si je pouvais comprendre cette scène, la renommée la plus noble jamais achetée par le travail était la mienne!" D'une main impatiente, il saisit le pinceau. Il regarda avec un œil anxieux. Lo! l'œil s'obscurcit, le cerveau chancela, la main tomba et, avec un soupir, il laissa tomber la brosse. Profondément désespéré, il se tourna et dit : « Hélas, au revoir ! » C'est un tableau non peint. Dieux de la solitude, au revoir !

*Le poète est venu !*

Les cheveux flottants, le front pâle et la démarche nerveuse, il venait ici ruminer

les œuvres les plus vastes de la nature, arracher les beautés de cette solitude, et tisser en rimes mystiques ces scènes merveilleuses pour le regard du commun des mortels. Envoûté, il saisit son stylo. Il écrivit aussitôt – il me semble qu'il écrivit pour faire l'éloge. Puis, pensif, il se leva et dit en marmonnant : « Les mots conviennent bien aux discours du ménestrel, mais c'est un poème non écrit, pour tenter l'âme pendant des jours sans fin.

*Le Fou est venu !*

Il a souri. En bons termes avec lui-même, il semblait posséder le monde. Dans un discours joyeux, il s'écria : « C'est à nous ! et dans une hâte simulée, son drapeau a déployé. Sur une ancienne bûche, il repose. Il rit, plaisante et discute. Regardez-le ! C'est pour un match ; il apporte, il allume un feu, un repas à cuisiner. Il dit : « Extraordinaire ! N'est-ce pas génial ? Bon Dieu ! mon vieux, je vais écrire un livre. » Alors les mots tombent comme des flocons de neige – comme des flocons de neige dans un ruisseau.

## UNE DIGRÈSSION.

« Maintenant, mes enfants, » dit Oseba, « permettez-moi de faire quelques observations basées sur mon étude parmi les Outeroos, qui s'appliqueront au pays en question.

« N'oubliez pas que tous les termes exprimant la qualité, tels que le bien et le mal, le bien et le mal, la vérité et l'erreur, sont relatifs et, en ce qui concerne les hommes, la définition de chaque individu dépend de son environnement. En fait, les règles qui expriment ces idées sont en grande partie des fictions établies par la société dans son propre but, mais, dans leur application générale, il faut leur laisser une grande latitude.

« Un pays est bon ou mauvais, dans la mesure où il offre ou refuse la possibilité de gagner sa vie et de développer les facultés mentales par l'application d'efforts raisonnables ; et un gouvernement est bon ou mauvais, dans la mesure où il refuse ou encourage de telles opportunités et aspirations. « Quand le sage règne, le peuple se réjouit » – même dans les régions arides. Il s'agit – enfin, c'est une question – en grande partie de « matière grise ». En règle générale, la nature n'a pas été avare dans la distribution de ses bienfaits. Et, en règle générale, le terme bon ou mauvais, lorsqu'il est appliqué à un pays, s'applique moins au sol qu'à la société. C'est l'université *contre* le canon, ou l'enquête *contre* la crédulité. Sous un règne de justice bienveillante, d'un sol stérile peut surgir un paradis terrestre, tandis que le sectarisme, la guerre et l'oppression feront de la plus belle vallée un enfer.

" Les dieux s'étonnèrent et Viehnu dit à Bel :
" Avec sept sages tu entreras en enfer, ou avec cinq imbéciles, tu passeras au paradis. " " Donne-moi, " dit Bel, " l'enfer avec les sages, car c'est le ciel. où ils habitent, tandis que les imbéciles feraient du ciel lui-même un enfer.

« Le sujet, mes enfants, porte toujours l'image de la loi, l'expression de la coutume, et les coutumes sont établies par la ruse pour la règle de la crédulité. Selon la coutume, on naît propriétaire de plusieurs acres ; et selon l'usage, dix mille travaillent sans jouir, pour qu'un seul puisse jouir sans peine. Mais la nature se prête généralement librement aux desseins de l'homme. Dans un vaste pays monotone, le despotisme est un système de gouvernement habituel, la nature ne suggérant aucun changement ; le chef devient le chef, le chef devient le monarque, le monarque devient un despote et le despote un dieu.

« Au contraire, dans un pays plus petit aux aspects diversifiés, aux rivages et au front de mer découpés, aux montagnes évolutives et au climat irrégulier, la nature suggère : le changement. Un saint mécontentement apparaît, le despote devient un monarque constitutionnel, un parlement est au service du peuple, un cabinet conseille le roi ; puis, comme les montagnes suggèrent la liberté et l'aventure maritime, des colonies lointaines, dans lesquelles les coutumes et les précédents sont ignorés, s'établissent selon des lignes en harmonie avec les conditions environnantes.

« La liberté humaine, mes enfants, remporte rarement une victoire dans un pays ou un gouvernement ancien, riche, peuplé et bien établi. La société, dans de telles conditions, devient conservatrice ; les dirigeants aiment le pouvoir, les rusés ne veulent pas de changement, les riches sont satisfaits et le peuple, adapté aux conditions immuables, est « loyal » et content.

« De plus, chaque défaite du despotisme, chaque retranchement sur le territoire « divin », chaque victoire de la liberté humaine, a été dû aux habitants agités du front de mer ; et rappelez-vous, pour tous les mouvements progressistes de tous les âges, et pour ce que les siècles appellent la civilisation moderne, le monde est redevable de l'entreprise coloniale, visiblement dirigée par la Phénicie, la Grèce et la Grande-Bretagne moderne.

## RETOUR À ZELANIA.

« Mais mes enfants, » continua Oseba, « retournons à Zelania, l'effort le plus précieux, le dernier et le plus réussi de la nature, et là où ces principes s'appliquent. Dans sa situation géographique, sa configuration, son sol et son climat, elle offre à l'homme tout pour durcir la fibre, accélérer la perception et fortifier l'imagination.

« Elle a le climat, la fertilité, la production, le pittoresque de la Grèce, et tout cela dans une plus grande variété. »

Oseba a ici conduit son auditoire dans une enquête des plus intéressantes concernant l'influence du climat sur le développement d'un peuple. Il a dit que l'homme faisait partie de la nature et qu'il était fortement allié à celle-ci, et qu'il ne pouvait pas échapper à l'influence de son environnement.

Dans les régions tropicales intérieures, la nature donne à son peuple une peau et des cheveux noirs et, pour plaisanter, elle aplatit généralement le nez. Dans les vastes régions intérieures et chaudes, le teint est fauve, les cheveux noirs ou fauves et les yeux obliques, qui détournent les rayons directs de la lumière.

« De plus, dit-il, les habitants des îles ou des bords de mer sont de couleur plus claire que ceux de l'intérieur, et non seulement le teint de l'homme, mais aussi ses proportions physiques, sa stature et son tempérament, sont modifiés par les conditions climatiques. Dans les pays de l'intérieur, les hommes adoptent peu à peu un type : ils sont souples, de taille plutôt petite, et si semblables qu'ils semblent coulés dans le même moule ; tandis que ceux qui vivent sur les îles le long du front de mer ou parmi les montagnes sont plus robustes, leur constitution, leur taille et leur habileté varient davantage, et ils sont mentalement plus curieux, aventureux, impétueux et courageux.

Il a déclaré que les habitants de loin les plus robustes, virils, impulsifs et entreprenants d'Oliffa habitaient les îles britanniques. Bien entendu, la race avait beaucoup à voir avec les mouvements modernes, mais les conditions climatiques antérieures du pays étaient à l'origine des distinctions raciales.

*Le Moa du Maoriland. Le squelette de ce Moa particulier mesure environ 12 pieds. haut, et c'est un fait curieux mais substantiel, mais comme les Moa, les dinornis - comme l'appellent les savants - définitivement retirés de la Nouvelle-Zélande, peut-être avant l'arrivée des Maoris, le plumage et l'embonpoint sont l'œuvre du naturaliste artistique.*

"Par conséquent, selon les règles de la nature", a-t-il poursuivi, "Zelania, avec la souche appropriée pour commencer, en termes de teint, de forme, de traits, de tempérament et de dotations mentales, devrait produire le type d'homme et de femme le plus raffiné de la planète. »

Il a comparé les Maoris aux aborigènes de l'intérieur de l'Australie et a déclaré que tous deux étaient modifiés par leur environnement.

Leo Bergin a fait ici remarquer que M. Oseba était certainement très impressionné par son expérience « coloniale ». Cependant, il n'est pas improbable que lors d'un voyage en Nouvelle-Zélande, M. Oseba ait reçu suffisamment de courtoisies pour l'impressionner profondément par l'hospitalité incomparable des gens.

« Mais assez, dit Léo Bergin, mon maître est digne de toute mon attention », et les notes disent :

« Mais permettez-moi de revenir, mes enfants, et de reprendre le thème de Zelania, car en elle – avec mes voyages à travers ses îles romantiques – j'ai trouvé du baume à toutes mes déceptions antérieures.

« Zelania n'a certainement pas inquiété son âme dans ses efforts pour produire la vie. En botanique, elle n'est pas riche en espèces ; chez les mammifères, elle est plus proche de l'Amérique du Sud, distante de plus de six mille milles, que de l'Australie, mais de douze cents milles, ce qui justifie ma conviction que ce modèle de beauté était une réflexion après coup du pouvoir créateur.

« Chez les mammifères, elle n'a qu'un petit rat – un pauvre petit faible qui n'a pas encore été apprivoisé ni appris à vivre avec les gens – et deux petites chauves-souris à moitié développées. Parmi les reptiles, il y a quelques lézards paresseux, mais je ne saurais dire si un « Patrick » ou un « Denis » les avait bannis ; mais il n'y a pas de serpents.

Il a dit qu'il y avait quelques oiseaux terrestres, mais comme il n'y avait pas d'animaux pour les "faire peur", les plus indolents d'entre eux avaient perdu leurs ailes et leurs caractéristiques naturelles avaient changé.

Le moa était probablement, il y a quelque temps, un oiseau assez respectable, mais n'ayant aucun danger pour « fuir » et pas de longs vols pour se procurer de la nourriture, il laissa tomber ses ailes et se pavana jusqu'à ce que ses os deviennent aussi lourds que ceux des oiseaux. un renne, et il étendit la tête jusqu'à ce qu'il atteigne douze pieds de haut. Mais n'ayant ni soucis ni angoisses, ni peurs ni ambitions, il n'a pas réussi à développer la « matière grise ». Ainsi, lorsque les Maoris sont arrivés, il s'est « rendu » et, après avoir ôté sa chair ainsi que ses ailes, il repose maintenant dans le musées. Sans la tige ou le chignon, il ne semble y avoir aucun effort, et sans effort, il semble y avoir peu de progrès dans toute chose créée.

## LES MAORIS « DÉCOUVERTS ».

"Et le grand dieu Morduch souleva la terre de son lit d'eau et peupla ses rives selon sa volonté."

Comme Oseba avait manifestement l'intention de poursuivre son discours dans un ordre prédéfini, il accorda ici une attention intéressante aux Maoris, les indigènes – ou, soi-disant, aborigènes – de Nouvelle-Zélande.

L'orateur, à sa manière inimitable, a décrit les Maoris avec des détails amusants. Il les appelle une belle race de sauvages romantiques, dont le physique a sans aucun doute été grandement amélioré par les sourires gagnants du climat et de l'aspect général de Zelania ; car on dit qu'ils flânent là depuis 500 ans. « Ces Maoris, un peuple grand, lourd et brun foncé, qui, dans leur propre costume pittoresque, avaient souvent l'air gracieusement noble. Courageux et féroces tout en étant indomptables, ils sont généralement aimables et indolents lorsqu'ils sont soumis aux influences civilisatrices.

Beaucoup de jeunes femmes étaient très jolies et les enfants étaient vifs d'esprit et de mouvement. Il ne pensait pas que tatouer le dessous des lèvres des femmes avait réellement amélioré leur beauté. Beaucoup de métis étaient très intelligents et bon nombre d'entre eux s'étaient forgé une excellente réputation dans la politique et dans d'autres « professions ». Beaucoup d'entre eux avaient aussi un don sublime de « bavardage », et ce trait est partagé – même par les hommes.

Intellectuellement, les Maoris étaient, pensait Oseba, supérieurs à tout autre sauvage apprivoisé ; mais, comme les autres barbares, touchés par la civilisation, ils apprenaient et acceptaient plus facilement les vices que les vertus. Cela était visible dans tous les mouvements civilisateurs. Oseba remarqua qu'on observait souvent chez les Outeroos, lorsqu'ils parlaient de ces gens-là, que les « vices chrétiens » les tuaient.

« Ceci », dit-il, « était naturel, car s'il faut du temps pour enseigner aux « frères » les avantages réels que l'on peut tirer des pratiques de la vertu chrétienne, les « vices chrétiens » produisent des « retours immédiats ». «Tu ne voleras pas» pour un sauvage produit une confusion d'idées particulièrement désagréable, et les avantages ne sont pas immédiatement apparents, mais deux verres de whisky manquaient rarement d'impressionner. Il s'agit d'une coutume propre à la « culture chrétienne » qui consiste à « prendre ».

« À en juger par les expositions remarquables d'efforts artistiques et les innombrables expositions de passionnés de photographie dans de nombreuses villes de Zelania, un étranger conclurait que les Maoris étaient la race « supérieure » et dominante, bien qu'il n'y en ait qu'un peu plus de 43 000 dans le monde. tout le pays, principalement dans le nord ou sur une île plus chaude, et on dit qu'ils sont à peu près stationnaires en nombre et en moralité.

Il a déclaré à son auditoire que ces Maoris, lors de leur découverte initiale, étaient une race de sauvages vaillants, courageux et plutôt supérieurs ; que la guerre était le seul argument qui faisait appel à leurs consciences perverses, et il citait un poète néo-zélandais admiratif pour prouver l'héroïsme « aimable » des « dames » maories.

« Une femme, formée pour la douceur, pour l'amour et l'art tendre,
montrait ici l'instinct de tigre, le cœur dur et impitoyable ; clôturé la mêlée.

« Oui, les femmes maories étaient courageuses, très courageuses, mais, mes enfants, dans toute Zelania, il n'y avait pas une souris.

« Parmi ces Maoris, il y a plusieurs tribus », dit-il, « qui, lorsqu'elles sont libérées du joug intrusif de l'homme blanc, sont généralement occupées à s'entre-tuer et à se mijoter, et, en plus de sculpter avec leurs couperets de pierre verte leurs frères et leurs frères cuits. leurs propres visages, ils pratiquaient beaucoup la sculpture sur bois. En cela, bien que l'exécution soit équitable, il y a un manque manifeste de sens des proportions, qui amuse le connaisseur comme il ravit l'amateur d'art.

« Comme les concitoyens blancs les plus communs, ou du moins les plus nombreux et les plus prétentieux, ces Maoris vont certains à l'église, à l'école, au débit de boissons et à la prison, mais comme les Maoris ont un petit credo de leur propres, ils ne vont pas beaucoup à l'église. Mais si le Maori va moins à l'église, à l'école et au Parlement, il va aussi moins en prison et à l'hôtel que son concitoyen britannique blanc, plus prétentieux.

« Les Maoris sont pittoresques, en particulier dans les stations touristiques les plus populaires, où leur présence confère à l'occasion une atmosphère romantique particulièrement charmante. Le touriste émotif – surtout s'il s'agit d'un jeune homme de « Home » – qui est piloté en toute sécurité par la « Maggie » alerte, polie et bavarde parmi les geysers rugissants et explosifs de ce charmant compromis entre beauté impressionnante et terreur, ce sermon non prêché , cette chanson méconnue, ce poème non écrit, cette partie de l'enfer dans un paradis terrestre, Rotorua, dans l'enceinte étrange de laquelle on voit, entend et sent, de près, les feux bouillonnants de « la redoutable demeure de Pluton », il chérira une généreuse respect pour toujours de l'hospitalité maorie. Sous la direction vigilante de Maggie, le touriste le plus simple pouvait s'approcher en toute sécurité de la bouche béante de ces chaudrons bouillants sans mettre en danger sa vie, sa santé ou son appétit ; mais, à moins d'écouter le guide prudent, les semelles des bottes risquent de rétrécir, et dans ces régions sulfureuses, des « gros mots » jaillissent de lèvres pieuses.

« La nature », a soutenu Oseba, « était une unité et est cohérente. Elle ignore les individus et s'efforce, sans se soucier du temps, d'atteindre des universaux. Aucune chose créée n'échappe à l'influence de l'environnement. Mais la Nature réalise ses œuvres avec les instruments du bord. D'où viennent ces Maoris est une supposition, mais comme en caractère, stature, proportion, allure personnelle et capacités mentales, aucun autre sauvage sur le globe ne se compare à eux, ils ont dû rester suffisamment longtemps en Zelania pour avoir été modifiés et transformés en se conformer aux conditions attrayantes de ce merveilleux pays.


Mais je dois continuer :—

Comme il n'existait pas de céréales indigènes ni d'animaux apprivoisés, et qu'aucun peuple n'a jamais développé une civilisation sans l'aide d'animaux apprivoisés, les Maoris ne pouvaient que rester sauvages, mais le climat et l'aspect général de la nature, les conditions particulières de l'environnement, lui donnaient l'âme la plus noble et l'intellect le plus fertile jamais hébergés dans le cerveau d'un barbare. La conduite des Maoris dans la défense de leur pays, compte tenu des conditions relatives des forces en présence, n'a trouvé aucun parallèle dans l'histoire ou la romance.

Ils avaient toute la ruse et la duplicité des Grecs, le courage obstiné des anciens Britanniques et le dédain stoïque pour la mort des Indiens d'Amérique du Nord. Alors que, dans le tourbillon des grandes actions du monde, une lutte entre le plus habile de tous les guerriers et quelques petites tribus de sauvages, dans un pays si éloigné, ne pouvait susciter aucun grand intérêt parmi les nations lointaines, l'étudiant attentif de événements, il y avait peu de pages d'histoire plus intéressantes que les guerres maories en Zelania.

Socialement, les Maoris appartenaient à un moule particulier. Communiste dans la propriété, il était aristocrate par nature et il régnait dans son âme une exubérance d'esprit hautaine qui rendait la discipline tribale difficile et la paix domestique précaire. En temps de guerre, les Maoris étaient courageux ; en diplomatie, astucieux; en conseil, un orateur-né.

Le Maori restait un sauvage en Zelania parce que rien ne pouvait l'apprivoiser, mais dans sa nature il y avait le diamant, et, en le broyant un peu, son éclat éclatait toujours. Son milieu natal lui avait apporté tout d'un moule supérieur sauf la touche finale. Je cite:-

« Déjà des huttes sinistres de ces derniers sauvages sont sortis l'orateur, l'avocat, l'homme d'État et l'homme d'affaires prospère. « De la fête cannibale au Cabinet » est presque vrai pour les Maoris.

« Le sort des Maoris ?

« Eh bien, mes enfants, je ne sais pas, mais la greffe de civilisation sur une telle souche peut faire des merveilles, et étudier ces plus pittoresques de tous les fils de la nature vaut un voyage autour de ce petit monde.

*Chef maori tatoué.—« Sculpture maorie ».*

« Il est très intéressant, » continua Oseba, « d'étudier les aborigènes de n'importe quel pays, et il est pathétique d'observer leur retrait progressif de la belle face de la terre ; mais les Maoris – les Maoris beaux, hautains, aristocratiques et éloquents – sont aussi différents de toutes les autres races non civilisées que sa charmante île natale est différente de tous les autres pays de la surface d'Oliffa.

« Si la nature à mains nues de Zelania, sans animaux pour la chasse, ni pour les troupeaux ni pour les serviteurs de l'industrie, et pratiquement sans céréales ni fruits, pouvait donner une fessée au sauvage, commun à d'autres terres, dans cette forme, que ne pourrait-elle pas faire ? pour l'homme civilisé, qui apporte avec lui tous les secours de tous les âges ?

Oseba expliqua qu'avant de faire appel à Zelania, il avait visité tous les autres pays d'Oliffa et étudié attentivement les races « inférieures », mais les Maoris étaient solitaires et seuls. Tous les autres manquaient de force physique et d'endurance mentale, et pour eux, rester en contact avec les races supérieures signifiait plusieurs générations pour une croissance douteuse, ou quelques générations pour l'extinction.

Mais les Maoris avaient désormais atteint leur pleine virilité. Ils étaient « différents » des Blancs, et c'était plus juste que de dire qu'ils étaient très « inférieurs ». Ils n'avaient bénéficié d'aucun des avantages des communications extérieures, d'aucune aide d'animaux apprivoisés, d'aucune expérience de la chasse, d'aucune tradition de l'art industriel, pendant probablement plus de cinq cents ans. Pourtant, les Maoris semblent avoir atteint à un degré surprenant une stature mentale et physique assez complète. Il a de l'éloquence, de la perception, de la curiosité et de l'acquisition. Il a tout sauf la civilisation. Il a l'âme, mais elle a besoin d'être réglée ; le matériau, mais il a besoin d'être secoué et assaisonné. La touche magique d'une inspiration plus récente et plus élevée est nécessaire, et elle est injectée dans sa conscience en éveil par un sentiment social bienveillant.

"Aujourd'hui", a déclaré Oseba, "le Zelania Maori, comme on le voit dans ses œuvres d'art grotesques, dans sa lutte pour une indépendance sauvage, dans son étrange cérémonie religieuse, dans ses occupations communes de travailleur, d'homme professionnel ou d'homme politique, est le l'être humain le plus pittoresque de la planète, et sa présence à Zelania donne un assaisonnement de romance à étudier et à apprécier dans aucun autre pays.

---

# SCÈNE VIII.—Acte II.

## S'APPROPRIER UN MONDE.

TOUT étant prêt, un certain nombre de cartes très parfaites furent jetées sur la toile, montrant les plaines, les vallées, les montagnes, les lacs et les rivières de Zelania, avec la nature de la production de chaque île ; et une description soignée et détaillée de l'emplacement et des ressources a été donnée par l'orateur.

Puis, attirant l'attention de son auditoire, Oseba a informé les gens qu'il atteignait maintenant le dernier chapitre de son rapport, ou, selon notre expression raffinée, qu'il était dans « la dernière ligne droite ». Il a dit:-

« Maintenant, mes enfants, à ce stade de notre enquête, je désire vous rappeler une fois de plus combien l'homme est étroitement lié à la nature ; comment il s'adapte à toutes les conditions environnementales ; comment les brises fraîches d'une zone tempérée lui donnent une peau claire ; comment un aspect varié et agréable lui donne un tempérament joyeux ; comment les montagnes lui suggèrent la liberté et les mers l'aventure ; comment le climat déprime ou exalte ; comment les activités pastorales éveillent la nature romantique ; agriculture, patience et industrie robuste; et la recherche de métaux précieux, une indépendance et une intelligence insouciantes.

« Alors, pour cette dernière chose, que les Titans arrachent à la nature tout ce qui a conspiré pour créer le Phénicien, le Grec, le Nordique et le Britannique, et les façonnent artistiquement dans la forme la plus agréable, et voilà ! Zelania apparaîtrait dans sa gloire immaculée pour… façonner un homme.

Ici, il décrit brièvement le fonctionnement du gouvernement de Zelania, comment il a adopté le système parlementaire britannique et que, bien qu'il reconnaisse une fière allégeance à la couronne britannique, il s'agit probablement de la démocratie la plus absolue que le monde ait jamais connue.

"En tant que membre d'un pacte", a déclaré Oseba, "Zelania ne doit qu'une vague allégeance à la Patrie, car elle est libre de séparer le câble à tout moment et de s'envoler avec la bénédiction parentale. Mais en réalité, elle est tenue par un sentiment plus fort que des liens d'acier ; et par le sacrifice volontaire de plusieurs de ses fils les plus nobles sur des terres lointaines, elle a prouvé non seulement sa loyauté envers la Couronne, mais aussi son amour pour l'Empire et son dévouement aux aspirations britanniques. Ce n'est pas seulement la loyauté du sujet, c'est le tendre respect des enfants pour les généreux parents de leur patrie.

« Maintenant, mes enfants, continua l'orateur, je vais vous montrer une autre série de vues, les unes sur les œuvres de l'homme, les autres sur les œuvres de la nature, qui ont influencé mes actions. Parcourez l'album que je vous ai offert et vous verrez le style des hommes qui, selon les lignes si fortement suggérées par l'environnement invitant, ont façonné les croyances sociales du pays.

« C'est une grande chose de voir des hommes assez forts et assez courageux pour conduire le peuple, non pas là où il peut « voir la terre promise », mais pour assurer pour eux et leurs enfants un héritage plus noble que celui que Josué n'a jamais vu ou que Moïse n'a jamais vu. rêvé."

L'orateur affirmait que même si l'imagination la plus puissante ne pouvait parvenir à comprendre ces scènes enchanteresses, il estimait que les vues présentées justifieraient son affirmation selon laquelle Zelania était de toutes les terres la plus merveilleuse du globe.

Et maintenant, il attirait l'attention sur le côté humain : comment les habitants de ce pays le plus favorisé utilisaient leurs opportunités sans égal, et c'était encore plus merveilleux, car la Nature suivait des règles et des précédents, tandis que ces gens les brisaient.

« Un homme peut mourir de faim, dit Oseba, entouré de la splendeur la plus éblouissante ; il peut mourir de faim, au milieu de la beauté la plus sauvage, la plus étrange et la plus prodigieuse ; mais lorsque la nature erratique a répandu dans le même jardin ce qui élève le plus l'âme et qui contribue le plus à la nourriture du corps, l'homme devrait offrir le tribut de son admiration et de sa gratitude, et « se mettre au travail ».

Dans Zelania, d'après ce que j'interprète le sens de l'orateur, les dieux ont conspiré pour faire tout cela et pour rendre le sort de l'homme heureux. Mais dans une vie si fragile et si pleine de besoins, le côté pratique mérite d'être pris en considération, car même si la Divinité peut fournir l'enclos, elle ne jettera pas d'oranges sanguines sur les fougères, ni ne fera pousser du chou-fleur « A n° 1 » sur un sol non maîtrisé. par la bêche ou la charrue.


Après avoir fait une si belle exposition des endroits privilégiés de Zelania, Oseba commenta les conceptions particulières des Outeroos concernant leurs visites dans d'autres pays. Il a dit que d'après les mesures des Outeroos, il avait lui-même été le plus grand « découvreur » du monde, car il avait trouvé et cartographié toute la surface extérieure. Il avait « découvert » la Chine, le Japon, la Russie et d'autres pays ; il avait découvert l'Afrique, l'Amérique, l'Australie et enfin le « paradis d'Oliffa » : Zelania.

De nombreuses personnes sur Oliffa ne se souciaient pas d'être « découvertes » – en fait, elles préféreraient ne pas l'être, et parmi elles se trouvaient, sans doute, les Maoris de Zelania en voie de disparition. Le « découvreur » a été le fléau de nombreux peuples – rappelez-vous la ligne de couleur !

Oseba a déclaré à son peuple que « Zelania a été découverte par Tasman en 1642, et qu'elle ne l'a pas été de nouveau avant plus de cent ans, lorsque Cook l'a découverte en 1769. Plus tard, à la joie temporaire et au regret final des Maoris, le Les Français ont également « découvert » le pays, et bientôt quelques messieurs de Sydney y sont venus, et en 1814 les « pasteurs » l'ont découvert, depuis lors les collectes sont régulières. Je suis, dit-il, le dernier « découvreur » de Zelania, et mon rapport sera modeste.

« En 1840, l'Union Jack fut définitivement clouée dans la reine Auckland, Zelania devenant une province de la Nouvelle-Galles du Sud, et l'année suivante, le pays fut érigé en colonie, avec un bon logement pour le favori d'un premier ministre britannique.


« En 1865, la capitale fut transférée à Wellington, une ville très venteuse, avec de belles collines « en pente » à proximité du front de mer.

« Comme dans les autres colonies britanniques, gouvernement signifiait ici liberté, et, comme dans tous les pays habitables, liberté signifie progrès, Zelania a connu une pleine prospérité, pratiquement depuis le début.

« Si, poursuivit Oseba, les Outeroos formaient un jour une génération d'hommes réfléchis, le mystère des mystères pour eux serait de savoir comment un peuple aussi instruit et aussi orienté vers les affaires que la génération qui a découvert et développé la vapeur et l'électricité et l'économie moderne les systèmes commerciaux pourraient être suffisamment stupides pour donner ou vendre à quelques personnes la terre sur laquelle et sur laquelle tous les gens doivent nécessairement vivre. En outre, il sera intéressant de rechercher par quel raisonnement les gardiens temporaires du domaine public sont arrivés à la conclusion qu'ils pouvaient légitimement l'aliéner, ignorant la volonté et le droit de tous ceux qui pourraient passer par le prochain train.

« Aussi large et presque illimitée que soit la signification de l'autorité suprême parmi les Outeroos, sans aucun compromis avec l'opportunisme, sans aucun effort d'imagination, aucune puissance humaine ne peut confier la génération future à une maison de fous, ou à la sans-abri, ou à une condition de servage pour les héritiers de quelques-uns des plus fortunés ; mais accorder les terres à un petit nombre de personnes, c'est mettre en gage la cage dans laquelle les animaux sont éternellement enfermés.

« Malheureusement, avant que les « dirigeants » de Zelania aient été élargis par l'air pur de ce pays des merveilles, ils avaient distribué une grande partie des meilleures terres à un nombre relativement restreint de personnes. Mais les raisins donnés par les premiers dirigeants aux parents des colons faisaient grincer des dents les enfants.

« La superficie de Zelania est de 104 000 milles carrés, contre 124 000 pour le Royaume-Uni ; et la population est de 800 000 habitants, contre 40 000 000 pour le Royaume-Uni.

« Mais voyez la sagesse croissante des générations ! Au Royaume-Uni, par héritage, par délits d'autorité, quelques centaines de familles, soit moins d'une population sur 2 000, « possèdent » près de la moitié du pays tout entier ; tandis que dans ce nouveau monde, les petites folies des dirigeants précédents sont déjà corrigées, et les terres sont sauvées du contrôle baronnial et détenues pour « le peuple », quelle que soit l'heure d'arrivée de leur train.

"Comme les Outeroos sont pour la plupart des animaux terrestres, mes enfants, et comme nous avons appris à quel point la terre est importante pour le bonheur humain, je vais vous donner brièvement cette phase de la situation sociale de Zelania telle qu'elle est développée par ses dirigeants actuels."

Puis il a rappelé à son auditoire que Zelania couvrait 104 000 milles carrés, soit environ 66 000 000 d'acres de terre.

M. Oseba a affirmé que les îles britanniques, avec 79 000 000 d'acres et une superficie considérable de déchets, abritent près de 40 000 000 d'habitants ; L'Italie, avec environ 70 000 000 d'acres, avec beaucoup de déchets, fait vivre 30 000 000 de personnes ; La Prusse, avec environ 90 000 000 d'acres de vastes étendues de déchets, fait vivre 31 000 000 d'habitants ; La France, avec environ 125 000 000 d'acres et de vastes régions montagneuses, fait vivre près de 40 000 000 de personnes ; et que la Belgique et la Hollande, avec environ 18 000 000 d'acres et beaucoup de déchets, font vivre plus de 10 000 000 de personnes.

Il soutenait que si les estimations étaient à peu près correctes, cette terre la plus favorisée de toutes à la surface d'Oliffa nourrirait, sur un plan de vie similaire aux Italiens, 22 000 000 de personnes ; sur un plan semblable aux Français, 12 000 000 de personnes ; et sur un plan semblable aux îles britanniques, au moins 10 000 000 de personnes.

Mais il expliqua qu'avec une population similaire à celle de ces pays, un niveau de vie similaire serait inévitable ; ainsi, pour le bonheur de Zelania, pensa-t-il, il était heureux que de nombreux obstacles splendides s'opposent à une croissance rapide de la population. L'appel à la population était la moquerie la plus trompeuse qui ait jamais entraîné un peuple au bord de la misère.

Je cite ici l'intrépide découvreur : -

« Grand ne signifie pas « génial ». La Chine possède ce que réclament la plupart des nouveaux pays d'Oliffa : la « population ». Pourtant, la Chine n'est pas considérée comme « grande ». L'Inde, même sous la domination britannique, en tant que peuple ou race, n'est pas « grande ». La véritable grandeur d'une nation réside dans la grandeur des unités individuelles qui la composent, et non dans leur nombre. L'Amérique est grande en tant que nation, mais la « grandeur » moyenne réelle de l'individu américain est en déclin depuis de nombreuses années. Mieux vaut voyager confortablement avec un groupe sélectionné que de se précipiter dans un train bondé.

« Il n'y a aucune relation entre la taille et la valeur. Même l'Outeroo le plus ambitieux aurait du mal à prétendre que Lambert, qui pesait quarante kilos, était « plus grand » que le petit Pope, qui ressemblait à un point d'interrogatoire et n'en pesait que huit. Ainsi, comme il n'y a pas de vertu en avoirdupois, il n'y a pas de « grandeur » dans le simple nombre. Mieux vaut flirter avec une fille en bonne santé que d'emmener une douzaine de vieilles filles aigres à la pantomime.

M. Oseba aurait pu mentionner, s'il avait connu les faits, que la Phénicie, qui a donné au monde le navire et l'alphabet et qui a anticipé les méthodes commerciales modernes, n'occupait qu'une petite bande de pays - pour la plupart stérile - de huit à vingt-cinq ans. milles de largeur et moins de cent quatre-vingts milles de longueur ; cette Attique, aux pieds des philosophes de laquelle nous sommes encore assis, des artistes dont nous copions encore et des orateurs que nous écoutons encore, n'embrassait que sept cents milles carrés ; et que la population de Sparte, dans sa gloire, n'a probablement jamais dépassé dix mille âmes.

« Non, mes enfants », dit Oseba, « grand, cela ne veut pas dire « génial », et tout Zelanien surpris en train de hurler pour la « population » devrait être obligé de « crier » pour toute la foule jusqu'à ce qu'il soit « fauché », et doit chasser un billet pour lui permettre d'acheter une bière et un petit pain. Ce qui est désirable ne peut être soudoyé : on ne devrait pas vouloir les autres.

**LA FEMME MAORI DE ROTORUA.**

Avez-vous déjà vu Maggie de Rotoru' ?
Vous n'imaginerez jamais ce qu'elle peut faire
Pour les bouches de l'enfer,
Avec un sortilège magique, Cette petite servante brune—Comme je l'ai
dit—Vous guidera par-dessus, par-dessous et à travers.

Cette petite demoiselle brune de Rotoru
se moquera du destin et vous sourira. Comme un rêve de fée, à travers la
vapeur du chaudron, avec un esprit joyeux. Elle papillonnera gaiement —
mais attention, étranger, à la façon dont vous poursuivez.

Avec cette petite servante brune de Rotoru,
vous vous bousculez, regardez et vous émerveillez aussi. Vous êtes
consterné, votre âme est captivée, pour des scènes si étranges, sont
apparues ici - vous vous demandez si h... n'est pas en train d'éclater.

Bien qu'une grande partie de ce danger, mes amis, soit une imposture,
Dieu tempère les vents en faveur du petit agneau tondu. Mais la nature
sauvage s'extasie dans les grottes sombres et cachées, et c'est une romance,
vous savez, allez à Roto, alors laissez un peu de « souvenir » dans La paume
de Maggie.

Ici, Leo Bergin, profondément amoureux de Zelania, « se transforme en poésie » – « tout seul », comme suit :

## SALUT DE ZELANIA.

Les magasins de Zelania sont riches en vins,
l'air de Zelania est doux avec les fleurs, les fils de Zelania sont riches en vaches, les jeunes filles de Zelania au fil des heures, des scènes médianes d'une beauté incomparable. Les vallées de Zelania regorgent de céréales, les collines de Zelania sont blanches de moutons, les fils de Zelania sont Habiles au gain, les jeunes filles de Zelania gardent toujours le chemin qui mène au devoir.

La couronne de Zelania est riche et rare,
les lois de Zelania sont sages et libres, les fils et les filles de Zelania s'en soucient, la porte de Zelania à jamais voir s'ouvrit grande, et puis... Zelania parle à travers les mers, Zelania appelle d'une voix de bienvenue, Zelania envoie par chaque brise le salut de Zelania à le choix : des hommes méritants de la terre.

Eh bien, c'est aussi rafraîchissant que nouveau. M. Oseba et Leo ont tous deux raison, et je dis : « Bravo ! car un gentilhomme populaire d'autrefois disait : « Celui qui ne pourvoit pas aux besoins de sa propre maison a renié la foi et est pire qu'un infidèle », et si c'était Paul, il n'était pas loin de lui-même à cette occasion.

Il est très agréable de parler de la « fraternité des hommes » et des droits égaux de « tous les enfants de Dieu » de jouer n'importe où sur la surface de son « marchepied », mais la nature suggère que « toute créature vivante » doit tenir le coup. abandonnez sa revendication, sinon elle sera évincée, et cette même « Nature » cruelle, implacable et antipathique – qui « caserne » toujours ses enfants aux griffes les plus longues – aide à jeter les faibles dans le tas de compost.

Grâce aux réalisations des temps modernes, au progrès industriel, aux efforts spécialisés et aux transports rapides, les peuples de toutes les couleurs de la terre peuvent profiter des fruits de toutes les terres sans s'entraîner au même bar ou s'asseoir à la même table.

Que « Dieu a créé tous les hommes égaux » est joli – c'est très joli ; mais il lui manque le mérite de la vérité scientifique, et bien qu'il puisse être souhaitable – et rentable – de s'occuper du « barbare » extérieur et de l'aider, de l'éduquer et de l'élever, seul un imbécile ou un fanatique pourrait amener un trésor de parc. des flâneurs dans sa salle à manger et les placent à sa table, à l'exclusion de ses propres enfants ou des parents de sa femme.

Nous pouvons rendre justice à un homme « frère » sans le monter en pension ni le convertir en beau-frère.

M. Oseba a dit :—

« La population dont Zelania a besoin arrivera en temps voulu, car, outre ses propres attraits irrésistibles, Oliffa doit être plus densément couverte ; mais en « remplissant le pays » de l'étranger, les têtes devraient être pesées et non comptées. Zelania peut sélectionner sa propre population à venir, car que ce soit pour la santé, pour le profit, pour le plaisir, par curiosité ou pour étudier des leçons de la plus haute sagesse sociale et politique, elle est le pôle magnétique de la curiosité, et avec une gestion prudente de sa part. des dirigeants, elle deviendra bientôt le lieu de flânerie heureux des amateurs de loisirs, des riches et des aisés de tous les pays. Alors, des milliers de ceux qui « appelleront » seront tellement charmés par son climat irréprochable, ses paysages romantiques, ses habitants hospitaliers et ses splendides opportunités de bonheur domestique et de gain privé, qu'ils jetteront leur sort dans cette terre toujours enchanteresse.

« La nature montre Zelania et dit à tous ses enfants :

« 'Venez voir ce que j'ai fait quand j'ai mis la main dedans.' Alors, mes enfants, laissez-moi anticiper, car je désire que vous ayez maintenant un aperçu du but vers lequel je vous mène.

« Eh bien, je peux vous parler de ces Britanniques dont j'ai brièvement parlé, composés presque exclusivement dans ce cas d'anglais, d'irlandais et de écossais, étant très éloignés de l'autorité centrale, si fortement tentés par de nouvelles opportunités et si résistamment influencés par de nouvelles et des revendications pressantes, ont étonné le monde par l'audace de leurs conceptions politiques et par leurs merveilleuses réalisations en matière d'expériences sociales.

Du discours de M. Oseba, on pourrait conclure que jamais une colonie de peuples loyaux ne s'est écartée plus facilement des usages traditionnels, jamais une communauté n'est entrée en possession d'un nouveau pays qui s'est si facilement adapté à ses coutumes, à ses lois et à ses règles. d'action aux exigences d'un environnement nouveau, tout comme les colons de cette terre sans égal.


Il affirmait qu'en un peu plus d'un demi-siècle, avant d'atteindre trois quarts de million d'âmes, par leurs réalisations en matière d'évolution sociale, les Zélaniens avaient suscité l'intérêt et gagné l'admiration du monde civilisé.

« L'égoïsme, affirmait-il, est le ressort principal de l'action humaine, et le motif qui anime chaque être humain est d'obtenir le plus grand bonheur possible avec le moins de dépenses physiques possible.

« Même si les instincts sociaux de l'homme aident à l'apprivoiser, tous les systèmes sociaux et politiques du monde reposent sur des traits très humains. Le sauvage, pour son propre bonheur, s'approprie par la force tout ce qu'il veut ou peut obtenir. L'homme à moitié civilisé s'approprie astucieusement la terre, afin que ses fruits mûrissent dans son grenier, afin que lui et sa famille puissent être heureux, tandis que l'homme réellement civilisé partagerait les opportunités entre tous, et son bonheur se trouve dans la joie générale. Les Zélaniens sont en train d'être civilisés par l'évolution et les lois parlementaires.

« Et ils répartirent les terres selon les besoins de chacun. »

Oseba a réaffirmé ses conclusions selon lesquelles aucun peuple n'a jamais pris possession d'un nouveau pays qui a façonné les lois foncières en tenant dûment compte de ceux qui sont venus plus tard – avec des droits tout aussi sacrés – à l'exception des Zélaniens. En cela, ils se conformaient plus que tout autre peuple aux exigences rationnelles de la justice.


« Je vais vous donner, dit-il, un aperçu de la politique actuellement en vogue et de la façon dont elle semble satisfaire les espérances de ses promoteurs, car cela vous intéressera profondément.

L'orateur a commencé ici une revue du système foncier de Zelania et, dans un souci de brièveté, les notes seront « réduites » à l'espace global le plus bas possible.

Comme le pays était à l'origine divisé en neuf provinces avec autant d'organes directeurs, chacun investi du pouvoir de gérer et de disposer du domaine public, il est naturellement apparu un système qui a abouti à une grande inégalité, ainsi qu'à une grande confusion. Alors, comme toutes les provinces avaient besoin de routes, de ponts, d'écoles et d'autres améliorations publiques, elles rivalisèrent les unes avec les autres pour offrir des incitations à l'immigration ou à la nouvelle population, et avec une main extrêmement généreuse, les terres furent aliénées, souvent sur de grandes étendues. .

Lorsque le Parlement colonial s'empara de la propriété publique — en abolissant l'autorité provinciale — la question foncière prit aussitôt une nouvelle importance. Cela s'est produit au moment le plus intense de la période de transition moderne. Le « progrès industriel » avait suscité dans tous les pays l'esprit d'expansion commerciale le plus irrésistible. La population est alors devenue une « nécessité » et la construction de chemins de fer est devenue presque une manie partout.

La contagion frappa Zelania. Les améliorations publiques étaient une nécessité absolue, et les terres constituaient le principal actif et le « capital ». Pendant un certain temps, les terres furent vendues de manière imprudente, mais la manie d'améliorations intérieures devint si invincible que des capitaux étrangers furent appelés, et par le recours à la politique d'emprunt apparemment la plus imprudente jamais menée par un peuple sensé, les terres furent partiellement épargnées pour une Meilleur futur.

Je cite:-

« Sur les 66 000 000 d'acres, il y en aurait 35 500 000 « occupés », et sur ce total, 16 000 000 d'acres sont en « pleine propriété », 11 000 000 sont détenus en vertu de divers baux de la couronne, tandis que le reste est loué à des propriétaires privés ou aux indigènes, qui possèdent , en tant que peuple, plusieurs millions d'acres. Comme les Maoris sont généralement fatigués, ces terres sont pour la plupart louées à la « race supérieure », qui fait le travail.

« Le nombre de titres est de 115 713, avec une valeur améliorée de 120 981 599 £. C'est bon. Cela montre une proportion sans précédent de propriétaires fonciers, mais cela n'est pas suffisant, et le « gouvernement » fait des efforts acharnés pour augmenter proportionnellement la population des districts ruraux et des « propriétaires fonciers », sinon des « propriétaires » fonciers.

« Sous un ancien système, les terres étaient si imprudemment cédées que même un quart des terres « occupées » appartiennent à relativement peu de personnes ; mais le gouvernement a appliqué un puissant « moyen de persuasion » – un impôt foncier progressif – et les grandes inégalités disparaîtront progressivement. Le problème est désormais « la coutume *contre* la justice », et avec le visage tourné vers le nouveau, l'ancien perd de sa puissance. La charge devrait reposer davantage sur la terre et moins sur le linge.


« Les lois et les règles appliquées aux terres de Zelania ces dernières années prennent en considération non seulement les désirs et les exigences des occupants potentiels, mais aussi la catégorie des terres – les propriétés doivent être, pour le mieux, plus petites que celles des autres. pour les régions les plus pauvres. De bonnes terres ou de première classe, sous certaines tenures, 640 acres seulement peuvent être pris ou détenus, et de seconde classe, 2,000 acres.

« Il existe plusieurs tenures en vertu desquelles des « terres de la Couronne » à Zelania peuvent être acquises : l'une par achat au comptant ; un avec bail et droit d'achat, le loyer sera de 5 pour cent. sur la valeur non améliorée ; et un, un bail éternel (999 ans) avec un loyer de 4 pour cent. pendant cette période sur la valeur initiale du capital – non améliorée. La résidence obligatoire du titulaire est imposée pendant la durée du bail en tenure à bail.

« Sous l' *égide* de la loi, s'ils sont sages et justes, les gens sont encouragés et aidés par le gouvernement à former de petites communautés agricoles d'au moins douze chefs de famille – car les Outeroos ont des familles – et ce groupe peut leur avoir réservé un bloc de terre approprié sur lequel s'installer. Cela garantit des avantages éducatifs, car dans chaque communauté, le gouvernement non seulement crée des écoles, mais oblige les parents à envoyer leurs enfants à l'instruction.

« Mais lorsque la conscience fut complètement éveillée, il devint évident pour l'observateur le plus occasionnel que non seulement les grands domaines faisaient obstacle au progrès social, mais que le fait de maintenir de vastes zones hors de culture était une menace pour les libertés futures du peuple. Et de plus, bien qu'il y ait des terres considérables de la Couronne susceptibles d'être occupées, les conditions pour une « colonisation plus étroite » n'y étaient pas trop favorables ; et, plus encore, que chaque effort réussi pour coloniser ces terres non seulement augmentait considérablement la valeur des grands domaines, mais augmentait également la tentation du grand propriétaire d'étendre davantage son domaine.

« Sous l'ancien *régime,* les folies de l'ancien monde se sont rapidement répandues dans le nouveau monde et, en 1890, la plupart des meilleures terres de Zelania étaient morcelées en domaines seigneuriaux et possédées par quelques personnes.

« Presque avant que les gens ne prennent conscience des tendances de l'époque, un gigantesque monopole foncier menaçait d'éclipser le pays. Mais étant à 14 000 milles de l'autorité centrale, l'affection du peuple pour les vieilles coutumes s'était affaiblie, et les droits acquis sur des torts anciens commencèrent bientôt à susciter de sérieuses protestations.

« Les droits d'un domaine imminent étaient compris, le peuple n'avait aucune idée d'ériger une aristocratie foncière, et quelques âmes audacieuses, qui, par la force de leur génie inhérent, étaient sorties des rangs industriels, conçurent l'idée d'écrire un autre chapitre de l'histoire. histoire du progrès humain.

*Une beauté maorie.*

"Aucun peuple", a soutenu M. Oseba, "ne s'est encore révolté contre un despote qui gouvernait avec une diplomatie souriante, mais ayant appris dans sa vieille maison le pouvoir des propriétaires du monde et sachant que les libertés de personne ne sont garanties là où quelques-uns sont en sécurité. Dotés des instruments d'oppression, les habitants de ce nouveau et étrange pays ont ressenti le poids de la main seigneuriale, peut-être avant qu'elle ne soit prête à agir.

« Les barons fonciers, avec leurs moutons, habitaient les vallées fertiles, tandis que le peuple et ses enfants parcouraient les collines stériles. Mais avec l'enfermement des gens dans la brousse, il y eut un afflux de cerveaux à la tête, et les gardiens choisis du bien public dirent : « Zachée, descends.

« Bien que le mouton de Nouvelle-Zélande soit de bonne qualité et que la laine se vende à un bon prix, certains messieurs en bonne santé concluaient que les hommes, les femmes et les enfants étaient à peu près aussi bons que les moutons, surtout lorsque les moutons appartenaient à l'autre, et que les barons n'avaient pas de tromblon. et le peuple avait des votes, les propriétaires du monde étaient appelés à payer un peu plus d'impôts, et le peuple était appelé à gagner un repas décent.

« Puis le spectacle fut ouvert – sans prière ni tire-bouchon – et des hommes très sensés, debout sur un terrain ferme, suggérèrent que tout homme possédant des muscles et une bouche devrait avoir la possibilité d'exercer les uns pour la satisfaction de l'autre, et Lorsque les propriétaires du monde ont refusé de « fixer un prix », les agents de cette courageuse démocratie sont venus avec un persuasif, et la révolution a commencé. [B]

« Les barons fonciers étaient traités honorablement. Les valeurs créées par l'arrivée d'une population progressiste, par la colonisation des terres de la Couronne et par la construction des routes leur furent généreusement accordées ; mais lorsqu'on leur a demandé de quitter l'herbe et de faire place à une colonisation plus étroite, ils ont appris à accepter la situation, et les lois ont eu une influence apaisante.

« L'impôt foncier progressif est un puissant moyen de persuasion, et déjà environ soixante-dix des grands domaines ont été repris et divisés en petites parcelles entre un peuple intelligent, industrieux et progressiste. Et pourtant, le travail continue avec succès, et même avec profit dans presque tous les cas.

« En Zelania a été démontrée non seulement la possibilité mais aussi la sagesse de la propriété foncière d'État. Aujourd'hui, l'État est propriétaire de plus de 15 millions d'acres, il a 16 000 fermiers, et dans toutes ces reprises, divisions, règlements, perceptions de loyers et gestion, il n'y a eu aucune perte, peu de griefs et moins de scandales.

«En outre, lorsque les domaines sont morcelés et divisés entre les colons, des écoles sont créées, des bureaux de poste sont ouverts, des routes sont construites et, lorsque les colons en ont besoin, de l'argent leur est prêté par l'État à un intérêt raisonnablement bas. ; et, jusqu'à présent, ces lois ont été à l'avantage infini du peuple et à l'avantage de l'État, les « profits » utilisés pour faire avancer le projet général.

« Avec cette politique d'impôt foncier progressif et de reprise discrétionnaire, les loyers exorbitants et les spéculations foncières sont gênants, et avec la 'politique du prêt aux colons', les requins de l'argent ne peuvent pas presser les gens, 'ils ne peuvent pas'.


« A Zelania, l'État, ou le peuple dans sa capacité organisée, aide le peuple à titre individuel, à s'aider lui-même.

« L'État ne donne rien. Il n'y a nulle part une charité humiliante, mais une justice élevée partout. L'État place un homme dans une ferme, lui prête de l'argent, l'aide à gravir une colline, puis exige qu'il joue à l'Hercule. Il lui prêtera une bêche – non pas pour s'appuyer ou pour mettre en gage, mais pour creuser – et il devra l'entretenir et payer pour son utilisation.

« L'idée en Zelania, mes enfants, est de n'avoir ni seigneurs ni pauvres, que tous les hommes soient des producteurs et non des vagabonds ; des contribuables, et non des mangeurs d'impôts - et que chaque citoyen devienne un démocrate solide, qui s'efforcera honorablement de devenir actionnaire dans une entreprise payante.

« Des encouragements communs sont donnés, dit-il, et cela peut être qualifié de socialiste ; mais une action individuelle est exigée, et cela est démocratique.

« Beaucoup de gens à Zelania pensent que le train du gouvernement avance trop vite, mais ceux-ci devraient observer les tendances du temps et comprendre les avantages de la prospérité générale. Beaucoup d'autres pensent que le train avance trop lentement, mais ceux-là devraient comprendre le conservatisme de la richesse, les dangers de l'exploration de mers inexplorées, et ils devraient se rappeler qu'aujourd'hui, dans tous les aspects essentiels du progrès humain, ils sont de loin les plus avancés des tous les peuples.


« Bien sûr, il y a des échecs occasionnels en Zelania, suffisamment pour fournir de bons exemples ; car même si tout homme qui se bouscule peut prospérer, le Tout-Puissant n'aligne pas les maillots pour chaque voyou qui aime la crème dans son chocolat. Même à Zelania, l'homme qui prétend que ce monde lui doit de quoi vivre doit faire des efforts pour recouvrer cette petite facture.

« En fait, à Zelania, on fournit à un individu à peu près tout, sauf de la cervelle. C'est ce qu'ils feraient sans doute volontiers, mais comme il y a un certain nombre de domaines dans lesquels la nature semble pratiquer l'économie, jusqu'à présent il n'y a pas eu d'excédent de cerveaux, non, pas même en Zélanie.

Ici, je regroupe certaines des conclusions graphiques de M. Oseba dans mon propre langage « chaste » : -

Ayant pris connaissance de la sécurité sereine de l'homme d'acres dans d'autres pays, il est curieusement intéressant d'observer que les habitants de Zelania – communs et sans compte comme c'est le cas dans la plupart des pays – sont tenus dans un respect considérable, quel que soit leur compte bancaire. ou la position sociale de leur beau-père.

Dans la plupart des pays d'Oliffa, les gens sont « déplacés » pour faire de la place aux animaux, et, dans la plupart des pays d'Oliffa, plus le « domaine » est grand, plus il est facile de l'agrandir ; mais à Zelania, quand trop de gens sont « dehors dans le froid », on demande à un type possédant un grand enclos de « fixer un prix », et les « moutons » égarés sont bientôt confortablement logés et employés.

Sous l'ancien système, de tels « domaines » étaient toujours considérés comme « sacrés », mais en Zelania, parmi les plus « sacrés » de tous les droits reconnus se trouve le « droit sacré » de « l'homme de vivre » ; et il a été découvert que parler du « droit sacré » d'un homme de vivre, sans possibilité de gagner quelque chose pour vivre, est une insulte aux créatures les plus nobles de Dieu ; et l'impôt foncier progressif a tellement concilié les héritiers seigneuriaux, qu'il n'est pas demandé aux « bienheureux » qui « ont faim et soif » d'attendre le plateau de « charité », mais ils sont « rassasiés » des produits de leurs propres mains fortes. .

Ici, je cite : -

« Les Outeroos chrétiens, mes enfants, pensent tous qu'ils sont dans le monde par le désir spécial et le fiat de Dieu, et pourtant de tous les Outeroos civilisés, les Zelaniens seuls ont eu le courage d'exiger une place sur un monde où Dieu avait placé eux.

« Ils supposent que leur divinité a créé le monde et l'a ensuite fait pour le peupler, pourtant la plupart d'entre eux ont été persuadés qu'« Il a créé le monde » pour seulement quelques-uns d'entre eux, qui ont le privilège d'afficher la mention « Restez à l'écart ». l'herbe.' Les Zélaniens seuls ont supprimé la « notice ».

« Tandis que pour nous, mes enfants, si loin, avec une si longue histoire derrière nous, même ces mesures semblent n'être que des expériences prudentes d'amateurs, ce sont les plus avancées connues des Outeroos ; et les Zélaniens, dans leur « petit nombre », leur jeunesse nationale et leur splendide isolement, sont plus courageusement aux prises avec les difficultés qui ont déconcerté les plus nobles hommes d'État de tous les temps, que tout autre groupe social dans l'histoire progressiste du monde.

« Zelania, mes enfants, est la démocratie la plus absolue jamais connue sur cette planète, et pourtant son peuple vient d'avoir un aperçu, et non une réalisation, de la liberté humaine. Mais la flamme divine du flambeau sacré se propage, la conscience publique est éveillée, l'intellect public est en alerte et le train social avance rapidement.

« Ce que les rêveurs, les poètes et les académiciens d'autres pays vantent comme des idéaux sociaux, les commerçants, les agriculteurs et les mécaniciens de Zelania le discutent comme des questions de politique pratique quotidiennes.

« « Ne touchez pas à l'oint du Seigneur » a sauvé la tête de nombreux despotes, et des appels touchants à l'observance des « droits sacrés » – dans des torts anciens – ont nourri les côtes de l'oisiveté pendant une très longue saison, mais les Zélaniens, dans l'exubérance d'une situation inédite, se livrent à une gymnastique mentale et s'enfilent de matière grise – avec des résultats.

« Un marin naufragé, jeté sur une île isolée, riche en nourriture, en abris et en matériaux pour se vêtir, peut « posséder » ce petit monde – pour un temps. Ses droits sont suprêmes. Il a un « intérêt direct ». Il l'a « découvert ». En guise de contribution à la richesse mondiale, il avait pratiquement créé ce coin de terre. C'est le sien. Mais supposons que le lendemain matin, un autre individu du même navire ou d'un autre navire soit jeté sur l'île. Eh bien, il faut avant tout « diviser ». Les conditions sociales ont changé. Le « droit » a une nouvelle définition, à moins que le premier asservisse l'autre.

« Les définitions changent. Le bien et le mal, en tant qu'expression des diverses théories sociales, sont des fictions établies par la société pour son propre usage, et si une règle établie par la société pour son propre bénéfice ne peut être modifiée par la société au bénéfice d'un soi social plus large, un seul homme pourrait tous les gens qui pourraient être envoyés sur l'île, même si l'île devenait un continent.

« Les Zélaniens ont découvert que le despotisme consiste principalement dans une observance loyale des anciennes coutumes, et ils donnent de nouvelles définitions aux termes anciens – puis ajustent la société sur les nouvelles définitions. Dans aucun pays les droits de l'homme ne sont plus respectés ni les intérêts particuliers plus sacrément protégés qu'en Zelania, mais les avant-postes sont étendus et le pouvoir de quelques-uns de légalement faire du tort au plus grand nombre n'est plus sanctifié comme un droit sacré.

« En Zélanie, il a été décrété, dit le sage Oseba, que les droits d'un homme doivent s'arrêter là où commencent ceux d'un autre, surtout s'il y a plusieurs « autres ». En Zelania, il a été décrété que les intérêts de « nous tous » sont primordiaux par rapport aux intérêts de « quelques-uns d'entre nous » et, même si les droits de personne ne doivent être violés, les droits égaux du plus grand nombre ne doivent pas être refusés. .

« L'homme est un être social, et la part de ses droits – tels qu'ils sont définis par lui-même – qu'il peut être appelé à céder pour le bonheur du plus grand nombre – tels qu'ils sont définis par eux-mêmes – n'a été déterminée nulle part.

« À Zelania, mes enfants, le peuple a des idées et le peuple gouverne. À Zelania, les habitants peuvent demander à l'heureux élu qui a frappé le premier l'île isolée de « fixer un prix ». Ils peuvent demander que celui qui travaille profite, que la taille d'un enclos soit réduite, que la distance entre les boissons soit augmentée, et, en Zelania, les hommes d'État exécutent fidèlement la volonté du peuple telle qu'exprimée selon les règles prescrites.

«Maintenant, mes enfants, je me suis attardé avec quelques détails sur le système foncier de Zelania, car de toutes les nations à la surface d'Oliffa, les

Zelaniens s'adaptent progressivement avec la plus grande sagesse au bonheur permanent du peuple - et nous pourrions désirer envoyez-y une « colonie ».

« Zelania est une belle terre, mes enfants, et, s'il n'y avait aucun principe en jeu, j'aimerais en être propriétaire moi-même ; mais hélas! aucun « principe » ne devrait être violé pour un plaisir aussi éphémère.

*Femme et enfant maoris. Lèvre tatouée à la mode.*

# SCÈNE VIII—Acte III.

## UTILITAIRE.

ICI, les notes rapportent qu'il y avait eu une récréation d'une demi-heure, pendant laquelle Léo Bergin mentionne qu'il avait eu une conversation agréable avec la poétesse Vauline, qu'elle était d'une manière très charmante et curieuse, et que, tout en avouant son manque d'éloquence en comparaison de celle-ci, d'Oseba, il pensait que Zelania n'avait rien perdu à cause de sa modestie.

Leo remarque qu'il a montré à la poétesse de nombreuses photos du monde extérieur, en particulier quelques belles photos de Zelania – entre autres, certains des plus éminents hommes d'État et juristes – « tout en même temps ».

Mais je vais appeler Léo Bergin et demander à Amoora Oseba de poursuivre ses observations, selon les notes de Léo résumées par le feu du génie.

M. Oseba, en se levant, aurait observé que les hommes étaient humains, ce à quoi je suis en partie d'accord.

Prenant comme texte l'immortel Robert,

"L'inhumanité de l'homme envers l'homme
fait pleurer des milliers de personnes."

il a prononcé un long et éloquent discours sur les relations de l'homme avec ce monde ; comment la terre est le réservoir de la nature ; comment tout ce que nous appelons richesse, et les choses qui contribuent à notre santé, à notre confort et à notre bien-être, sont le produit du labeur des hommes ; et il remarqua ensuite combien peu d'entre nous tiraient beaucoup d'exercice de cette occupation utile.

En fait, il a transmis des informations plutôt surprenantes selon lesquelles, en ce qui concerne la production réelle, au moins les neuf dixièmes d'entre nous étaient en vacances ou, pour ne pas dire un mot, que chaque travailleur transportait avec lui environ neuf âmes plus faciles à vivre. son dos. Ces remarques s'appliquaient à l'industrie productive en général.

M. Oseba explique « comment dans les pays peu peuplés, où il y a des animaux, l'homme primitif vit de la chasse, où il y a des animaux apprivoisés, il devient partiellement apprivoisé et vit de ses troupeaux, et là où il y a une bonne terre – à mesure que la population augmente – les gens se tournent vers l'agriculture, et avec plus de culture et plus de gens, l'industrie se spécialise et le commerce surgit pour apporter la touche finale.

«Mais», affirmait-il, «de même que l'homme s'accroche aux muscles avec lesquels ses ancêtres battaient leurs oreilles, de même il s'accroche à toutes les habitudes pratiquées par l'homme dans le passé. Il vit de chasse tant qu'il y a de la place, il réduit l'industrie nomade à une science et, par la coopération, tous contribuent à l'avancement de l'idéal supérieur.

"En Zelania, à l'exception du sport, la chasse a été abandonnée, et la subsistance et la richesse proviennent de l'élevage, du creusement ou de la culture du sol."

Je déduis des notes de Leo que sur quelque 66 millions d'acres de terre à Zelania, il n'y en a que 6 000 000 cultivés par la charrue, 1 400 000 acres en cultures, 4 600 000 acres en herbe et 7 000 000 non labourés - également en herbes exotiques - et cela principalement de cette source. de richesse, 800 000 des personnes les mieux nourries, les mieux habillées, les mieux logées, les mieux éduquées et les mieux satisfaites, les plus progressistes, les plus saines, les plus heureuses et les plus libres, qui ont jamais flâné à la surface de cette planète sont bien vivantes et satisfaites de rester - *sine mourir* .

En céréales, en plantes-racines, etc., le sol produit plus abondamment que celui de tout autre pays. En pâturage, il produit plus de bétail, en fruits, il est prometteur et en ce qui concerne les produits laitiers, le Danemark doit lutter pour conserver ses lauriers.

On verra que seule une petite partie du territoire de Zelania est consacrée à son « meilleur usage », de sorte qu'il y a de la place pour plusieurs millions de personnes, dont le sort devrait être véritablement béni, car dans aucun pays la fortune du habitant de la terre si heureux. Son sol est fertile, son climat est doux, ses saisons sont fiables, sa santé est parfaite, il utilise les meilleurs outils, ses impôts sont légers et ses prix sont toujours bons. Joyeux fermier de Zelania !

### CERTAINS QUE ADAM A NOMMÉS.


« Et Dieu créa les bêtes de la terre selon leur espèce, le bétail selon son espèce, et tout ce qui rampe sur la terre selon son espèce, et Dieu vit que cela était bon. »


Mais seules quelques misérables petites « choses rampantes » parvinrent à Zelania, jusqu'à ce que les Britanniques en amènent d'autres.

Oseba, dans une revue du « commerce des animaux », a fait remarquer que, comme tous les animaux – à l'exception des chèvres à longue laine rassemblées dans le désert et sur les flancs des montagnes – s'étaient depuis longtemps retirés de Cavitorus pour faire de la place aux humains, il utiliserait les termes communs. parmi les Outeroos dans sa présente déclaration, laissant l'explication plus détaillée à étudier dans son rapport publié.

Il affirma encore une fois que l'homme n'avait jamais été capable de créer une civilisation sans l'utilisation d'animaux apprivoisés, et que beaucoup d'Outeroos avaient été très chanceux grâce à ces aides de la nature.

Là où l'homme avait la compagnie, la compagnie et l'usage du chameau, du cheval, du bœuf, du mouton et du chien, il avait pu poursuivre la marche vers un but plus élevé. Les animaux devenaient à la fois serviteurs, bêtes de somme, force motrice, nourriture et vêtements.

Les peuples du pourtour méditerranéen ont eu pendant des milliers d'années tous ces animaux aimables et utiles. Ces animaux ont porté la civilisation jusque dans les régions les plus reculées du monde et, de serviteurs, ils sont devenus davantage une source de commerce, de nourriture et de vêtements qu'une force motrice.

L'élevage de ces animaux est devenu la principale industrie de Zelania au début de sa période coloniale, car la fertilité du sol, la salubrité du pays, la douceur du climat et la fiabilité constante des saisons ont fait de cette terre, de toutes les terres, la plus le plus adapté aux troupeaux et aux troupeaux.

« Ah, mes enfants, » dit Oseba avec animation, « si les Maoris avaient possédé le cheval, le bœuf et le mouton il y a des siècles, la sombre république des mers du Sud aurait pu envoyer les diplomates les plus éloquents dans les cours opulentes des mers du Sud. Vieux Monde, mais les Maoris étaient seuls.


Mais revenons aux animaux et « réduisons-les ». Ces 800 000 Zélaniens possèdent 20 250 000 moutons, 1 360 000 bovins, 280 000 chevaux et 224 000 porcs ; et… eh bien, il y a quelques milliers de chiens, plus ou moins. Ces 20 000 000 de moutons sont d'une belle race, élevés dans la double idée de la bonne laine et du bon mouton ; ils appartiennent à environ 19,000 personnes et rapportent, grâce à l'exportation, un revenu annuel d'environ 5,000,000 de livres sterling. Il y a 11 700 troupeaux de moins de 500 individus et 138 de plus de 20 000 individus. Les Zélaniens avouent posséder le meilleur mouton du monde.

Je cite:-

« Zelania est un pays de grandes choses, seulement si on le considère dans la moyenne. Elle n'a ni millionnaires ni pauvres. Elle n'a pas de rois de moutons ni de voleurs de moutons. Elle a de grands geysers, de grands Premiers ministres, de gros rendements, de grandes personnes et de grandes idées, mais peu de grandes fortunes. Ils ont une « confiance » en Zelania, mais ils sont en Dieu et… dans le peuple.

## EXERCICE RENTABLE.

Parmi les industries les plus agréables et les plus rentables du monde, d'après mes notes, figurent la production laitière et la culture fruitière, et M. Oseba pense que dans aucun pays ni aucun climat de la croûte supérieure de notre planète, ces industries ne sont plus prometteuses ou plus prometteuses. rentable, surtout le premier. L'absence d'hivers froids, la pureté de l'atmosphère, la qualité nutritive des herbes et la fréquence des pluies « concourent au bien » de ceux qui s'occupent de leurs affaires.


Je cite:-

« La superficie relative des terres de Zelania spécialement adaptées à cet usage est énorme, et comme la fertilité du sol est améliorée au lieu d'être appauvrie par cette industrie, les possibilités de son développement sont incalculables.

« Pour une personne aux moyens modestes, cela semble être l'industrie la plus tentante de ce charmant pays. L'exploitation minière aussi, avec la variété de ses produits, les lois généreuses, le climat salubre, l'abondance de l'eau, est une industrie des plus intéressantes et des plus rémunératrices.

« Les lois et réglementations minières sont aussi généreuses que les lois foncières, et dans toute entreprise de cette nature, la politique du gouvernement est de « doter l'énergie des outils industriels afin que la richesse puisse venir en réponse à l'aimable invitation ».

« Comme les Zélaniens étaient parmi les peuples les plus commerçants du monde, compte tenu de leur population, ils se sont lancés très tôt dans l'esprit de la construction ferroviaire avec beaucoup d'enthousiasme. La folie des chemins de fer a commencé sous le règne du provincialisme, et chaque province a commencé son petit système sans se soucier des plans des autres.

Ici, une carte a été projetée sur le mur, montrant différents systèmes ferroviaires, avec leurs différents itinéraires et objectifs. Compte tenu de la proximité de la mer pour chaque centre peuplé et de l'accessibilité de ces points pour les bateaux à vapeur, la construction de chemins de fer coûteux témoignait d'un esprit d'entreprise louable.


Sans aucun doute, la fierté provinciale et la volonté de faire des enchères élevées pour augmenter la population afin d'augmenter les loyers des belles propriétés ont beaucoup contribué à stimuler cette entreprise.

Les lignes ferroviaires étaient coûteuses, mais elles se sont révélées être un bon investissement. Je conclus qu'à l'heure actuelle Zelania possède 2 325 milles de voies ferrées. La plate-forme est bonne, le matériel roulant est bon ; voyager est à peu près aussi confortable que dans d'autres pays et le tarif moyen par passager est inférieur à celui des États-Unis. Pour le bénéfice des copropriétaires – le peuple – tous les « bénéfices » vont à la baisse générale des taux.

La sagesse des colonies australasiennes dans la construction, la gestion et la possession des lignes de transport ne peut être trop admirée, pense M. Oseba, d'autant plus qu'elle était « contraire à l'expérience du monde ».

L'orateur a argumenté de manière logique et détaillée sur la sagesse de la propriété publique des services publics, affirmant que, étant donné que le transport était d'une importance vitale pour tous les commerçants, à moins que le gouvernement ne possède et exploite les chemins de fer, les chemins de fer, d'une certaine manière, signifie, possède et gère le gouvernement.

*« Hongi », salutation maorie.*

Il poursuivit : -

« Les chemins de fer de Zelania sont un atout précieux. Leur construction a doublé la valeur des terres publiques et, comme elles sont bon marché, elles rapportent un bon pour cent. sur le coût total, ils valent aujourd'hui la totalité du montant de l'investissement.

« Les chemins de fer sont étendus et améliorés aussi rapidement que les demandes l'exigent et que les finances le justifient ; et avec les bureaux de poste, les télégraphes et les téléphones, ils sont sous l'œil vigilant et le contrôle d'un ministre du Cabinet - actuellement Sir Joseph Ward - dont la première preuve de la sagacité a été montrée dans le fait qu'il a choisi ces régions des antipodes comme pays où endurer le rêve capricieux de la vie.

« Sir Joseph est également un ornement, ainsi qu'un pilier, dans la structure politique et sociale de Zelania. Il est affable, poli, ambitieux et patriote. Il est brillant dans ses conceptions commerciales et, possédant une personnalité agréable et un discours persuasif, il échoue rarement dans l'exécution de ses projets bien organisés. Bien qu'il ait à peine dépassé l'âge de midi, il a longtemps été l'habile lieutenant du robuste Seddon, et si le chef, aux côtés duquel il s'est tenu si infailliblement, devait se lasser sous le fardeau des soins publics, il semblerait tout à fait approprié. que le leadership devrait reposer sur les épaules entraînées de cet homme d'État compétent et polyvalent.

« Ensuite, la construction de tous les chemins de fer, avec tous leurs *accessoires* – les routes, les ponts et autres travaux publics – est également dirigée par un ministre du Cabinet.

« Eh bien, parmi tous les « millions » qui ont été dépensés sous ce gardien infatigable pour promouvoir ces prodigieuses améliorations, dans un pays également où de très nombreuses personnes intelligentes resteraient éveillées « toutes les heures » pour trouver quelque chose à critiquer, il n'y a probablement personne qui puisse être persuadé qu'il y ait jamais eu une pièce de six pence frappée à la Monnaie de Sa Majesté suffisamment agile pour se retrouver dans la mauvaise poche.

« Ce « ministre des Travaux publics » travaille deux fois plus d'heures par jour que n'importe lequel des milliers d'hommes qu'il emploie, et l'idée qu'il soit influencé par une autre considération que celle du bien public ne saurait être avancée jusqu'au point discutable. scène dans n'importe quelle entreprise de Zelania. Ces gens font confiance à leurs « serviteurs », et leur confiance est rarement trahie. Il s'agit d'une « fiducie » zélanienne.

« Presque tous ces grands travaux sont menés dans le cadre d'une politique coopérative, avec un salaire basé sur la capacité individuelle de gagner, le travail étant généralement confié aux « chômeurs » les plus proches des opérations productives. On prétend que cette politique n'a pas été plus coûteuse que l'ancien système contractuel. Il s'agit du peuple, pour le peuple, par le peuple.

"Qui ne chantera pas "God Save the King"
sera suspendu aussi haut que le clocher. Mais pendant que nous chantons "God Save the King", nous n'oublierons jamais le peuple. "

Ici, selon les notes, la poétesse Vauline a suggéré que le sage Oseba donne au public un peu plus d'informations sur les hommes d'État zélaniens, leur relation avec la patrie et leur emprise sur l'affection du peuple.

De manière intéressante, M. Oseba a expliqué que même si Zelania revendiquait allégeance à la couronne britannique et que pour défendre l'honneur de la Grande-Bretagne, elle verserait son sang et ses trésors avec une valeur spartiate, elle était si fièrement libre que la même « mère bien-aimée » Si elle exigeait une taxe d'un centime par livre sur son thé, le prochain soleil levant embrasserait mille emblèmes d'une république naissante. Pour la Patrie, Zelania sacrifierait tout – sauf l'honneur – mais ce doit être en tant que partenaire et non en tant que vassal.

« Je n'ai aucune envie, dit l'orateur, d'applaudir les acteurs vedettes de ce grand drame social, car ces dirigeants ne sont que les instruments choisis par le peuple, et comme aucun autre pouvoir n'a ostensiblement réussi à établir la justice entre les hommes, le les gens ont les manches, et on peut – oui, on doit – leur faire confiance.

"Mais les élus ne sont pas sûrs de bénéficier de 'l'affection de tous', car aussi longtemps qu'un homme sera en vie et en affaires", conclut M. Oseba, "il y aura des divergences d'opinion marquées quant à sa valeur mentale et morale."

M. Oseba a bien compris, car il a vite découvert que chez les Outeroos, le véritable homme vivant est toujours sur le chemin de quelqu'un ; que celui qui a atteint les kakis, ou « y est arrivé » – en tête du sondage – était mauvais, et que si un tel individu a jamais fait une chose convenable, c'était par inadvertance ou pour des motifs impies.

Tandis qu'un homme « est bien vivant » et veut quelque chose, nous nous moquons de ses capacités, nous rions de son langage, nous remettons en question ses motivations et nous le blessons avec nos flèches empoisonnées. Mais qu'il meure une fois, et quel merveilleux changement ! Tant qu'il est sur notre chemin, tant que son cœur frémissant peut le sentir, nous le canonnons ; puis, quand nous l'avons enveloppé des habits du silence éternel, nous nous sentons soumis, nous magnifions ses vertus, et... *le canonisons* .

Chez un peuple libre et instruit, sur les questions de politique intérieure, il y a toujours des divergences d'opinion entre les hommes, et cela ne peut être imputé ni à l'intelligence ni au patriotisme des adversaires ; mais M. Oseba aime plutôt l'homme qui arrive pendant que l'autre tient son caucus.

De ces opinions opposées naissent des préjugés de parti et des conflits de factions, et le sérieux doit être considéré comme une vertu, même si le raisonnement s'avère finalement erroné. La démocratie, donc, au lieu d'élever les hommes au-dessus de l'humain, nous rappelle souvent à quel point les hommes sont loin du divin.

Mais sur ce point M. Oseba termine ainsi :

« Alors que Zelania est un joyau remarquable de la couronne britannique et très rouge sur la carte, et que son gouvernement est du, pour et par le peuple, tout éloge de ses hommes d'État est un compliment au caractère et à l'intelligence du « pouvoir ultime ». -les gens."

**Passons aux affaires.**

Ici, par souci de concision, je condense de nombreuses pages éloquentes, et par souci de clarté, je m'approprie l'histoire de M. Oseba, en la citant lorsque nous passons l'argument général.

Sur le plan commercial, je conclus, Zelania, sur une base démographique, est l'un des principaux pays de la couche supérieure, ses exportations et importations annuelles s'élevant à environ 24 000 000 de livres sterling. Pour fournir une commodité financière à la grande entreprise industrielle et commerciale du pays, d'excellentes facilités bancaires sont prévues. En fait, le capital investi dans le secteur bancaire, pour une si petite société, semble fabuleux. Les lois bancaires sont explicites et, même si les banques ont assuré leur parfaite sécurité, elles ne peuvent pas, si elles le désirent, opprimer le peuple. Mais le fait est que les avances de ces banques s'élèvent à environ 20 £ par personne. de l'ensemble du peuple montre à quel point il est condescendant.

Si l'on examine l'aspect politique de ce pays, il apparaît que les Zélaniens, dans l'ensemble, ont le système de taxation le plus rationnel de tous les peuples. Dans le souci d'encourager « l'industrie domestique », et influencées également par la coutume, les lois prévoient que les revenus nécessaires soient générés par les méthodes habituelles, les impôts directs et indirects, mais c'est de la première que je parlerai principalement. Sur le total, disons 3 113 000 £, soit environ 74 pour cent. est collecté par des méthodes indirectes, ou grâce aux taxes sur les importations et aux accises, tandis que 26 pour cent. est majorée par un impôt direct sur la terre et sur le revenu.

Sur la terre et sur le revenu, les impôts sont progressifs, les taux augmentant avec l'augmentation du revenu ou de la valeur de la succession, ceux sur la terre étant sur la valeur non améliorée. Ce système d'imposition progressive est un nouveau départ, un renversement de l'histoire des âges. Elle repose sur l'idée de défense sociale des droits de la personne. Il est clair que plus une personne possède de biens, plus grandes sont ses créances sur la protection de la société, et l'impôt progressif consiste simplement à exiger un loyer supplémentaire pour une pièce supplémentaire, ou des frais supplémentaires pour la dépense supplémentaire pour la sécurité supplémentaire accordée. En fait, c'est une assurance supplémentaire pour des risques supplémentaires.

La justesse de cette idée est apparue clairement aux hommes réfléchis – qui n'avaient rien à taxer – depuis de nombreuses années ; mais chez Zelania, découvrir une nouvelle vérité signifie occuper une nouvelle position. Zelania ne laisse pas rouiller ses joyaux intellectuels dans le cerveau de l'académicien.

Dans le cadre de la nouvelle politique de Zelania, les livres montrent qu'elle porte une dette publique plus grande, proportionnellement à la population, que n'importe quel autre pays, mais pour chaque shilling de sa dette, elle possède plus de deux shillings en actifs de valeur, et pour la plupart, elle a un revenu reproductif. actif. Ainsi, en fait, le fardeau aide à porter les gens. Comme d'autres États australasiens « fortement impliqués », si l'on en juge par la domination des autres nations, elle est parmi les peuples les moins touchés.

"Et ces gens étaient astucieux en matière d'artisanat."

Oseba parle assez longuement à son auditoire des industries manufacturières de Zelania, mais un petit espace suffira, car il vaut mieux se souvenir de la précipitation de l'époque. L'essentiel est que, compte tenu de la nouveauté du pays et des limites étroites des marchés, il y a eu un progrès louable dans l'entreprise manufacturière. Les principales industries se sont naturellement développées à partir des ressources matérielles les plus communes et les plus rentables du pays.

« Mes enfants, dit Oseba, nous n'en avons jamais fini avec les merveilles de Zelania. Même si elle offre les récompenses les plus alléchantes pour l'effort, elle ne donne rien de tout fait. Dans toute la Zélanie, il n'y avait et n'est rien du « Lève-toi, Pierre, tue et mange », mais partout on voit : « Dans mon trésor, il y a beaucoup de joyaux, et celui qui ne peut pas ouvrir ma porte et ouvrir ma poitrine serait un gardien dangereux de mes richesses, un bénéficiaire indigne de mes faveurs. Ou, comme la jeune fille gaie et espiègle qui dit : « Attrape-moi et embrasse-toi », elle tient toutes ses promesses. S'appuyant sur la nature sans effort, n'importe quel homme en Zelania pourrait mourir de faim ; mais en s'appuyant sur l'effort et l'aide de la nature, n'importe quel homme en Zelania peut vivre comme un prince.

"Zelania n'avait pas d'animaux indigènes, et vraiment pas d'herbes indigènes, et ses fruits étaient maigres, mais elle avait la force magique de la fécondité, et elle dit :—

« Je suis le nourricier. Comme les vierges sages,
j'ai longtemps attendu un digne prétendant. Par l'action, je suis née du sein des mers folles. Par l'action, j'ai surgi mes montagnes qui percent le ciel. J'ai caché mes richesses minérales ; et, aimant « l'action », à celui qui donne une once de sueur, je promets une livre d'or scintillant.'

« Oui, de même que les lois de Zelania accordent livre pour livre de contributions privées à de nobles causes, de même la déesse de la fortune de Zelania accorde au travail honnête une récompense multiple.

«Zelania n'offre rien pour la paresse, tout pour l'industrie. Ses trésors sont tous cachés, mais une charrue les révèle. Chatouillez un champ avec une herse, et il rit avec une récolte de cent boisseaux par acre. Retirez une fougère, un brin de trèfle arrive. Apportez un petit lapin pour « amuser les garçons » et, voilà ! La nature est si heureuse que les « garçons » doivent se démener pour sauver les récoltes.

« Eh bien, comme Zelania, par chaque caractéristique de sa nature, suggère l'action, son peuple explore tous les domaines de l'entreprise industrielle. Bien que les salaires soient élevés et le marché très limité pour la plupart des produits manufacturés, de nombreuses branches des arts productifs ont connu un succès raisonnable.

« Bien entendu, les principales de ces industries, dit-il, concernent ce qu'on pourrait appeler les produits pastoraux bruts : la viande, la laine, le beurre et le fromage. La liste des manufactures comprend une vingtaine de classes générales, couvrant plus d'une centaine de sous-classes.

« En règle générale, les usines de fabrication sont assez bien équipées, les machines pour les usines de viande et de laiterie étant particulièrement modernes. Les salaires des 41 000 personnes employées sont élevés. Près de 8 000 000 de livres sterling sont investis dans l'usine et la production annuelle s'élève à 17 000 000 de livres sterling. Certes, ces faits parlent fortement en faveur de l'entreprise d'un peuple si nouveau.

« Mais, Zelania, ce n'était pas tes « richesses » ni ton commerce,
ce n'étaient pas tes champs, tes fruits, ta laine qui te faisaient aimer des dieux et des hommes, ni l'or ; ni de dômes majestueux. C'était « justice », inscrit sur les portails de tes maisons. Car tu as appris pour la première fois que les hommes et les femmes doivent être grands, sinon la folie ne se vante que de la grandeur d'un État.

# SCÈNE VIII.—Acte IV.

## LE CÔTÉ MORAL.

CONCERNANT l'aspect moral des progrès de Zelania, les notes étaient très complètes, mais l'histoire sera brièvement et principalement racontée dans le style moins chaste de Marmaduke :

En règle générale, si le grand découvreur a raison, les habitants de Zelania jouissent d'une excellente santé – ou devraient en jouir – même si nous « apprécions » rarement ce qui est très commun. Bien sûr, Zelania n'a pas encore développé de type, même si elle a commencé sa tâche, car même si les Zelaniens sont d'excellente souche, les « Zelaniens nés » sont réputés supérieurs, tant en termes de fibres physiques que de perception mentale, à la personne moyenne. de la Patrie. La nature, pense M. Oseba, préservera les « cheveux d'oseille », la peau blanche, le teint fleuri, les épaules fines et la « compréhension » ferme.

Les Zelaniens sont fidèles à la Patrie. Ils parlent de la Grande-Bretagne comme de leur « foyer » et, en guise de compliment, la couleur avec laquelle elle peint ses dépendances est visiblement présente sur les joues des dames zélaniennes.

À moins que Zelania ne dilue son sang par des adhésions précipitées à sa population, elle fournira, dans quelques générations, le meilleur type d'homme et de femme mentale et physique qui ait jamais joué dans un ballon de football, ou « fait le blocage », à la surface d'Oliffa.

Dans la prise en charge des malheureux, des sourds, des muets, des aveugles et des fous, Zelania est déjà du côté des « chanceux », comme le témoigne abondamment M. Oseba.

Oseba dit :—

« Comme preuve de la satisfaction des habitants de Zelania face à leur condition actuelle, il suffit de remarquer le faible taux de mortalité parmi la population. Au cours des onze dernières années, ce chiffre a été en moyenne inférieur à dix personnes pour mille. Pour la même période, les taux au Danemark, en Norvège et en Suède étaient d'environ seize pour mille ; au Royaume-Uni, plus de dix-huit pour mille ; en Allemagne et en France, environ vingt-deux pour mille ; en Italie, environ vingt-cinq ; et en Autriche, plus de vingt-sept pour mille. Il apparaît alors que de tous les peuples, les Zélaniens sont les plus satisfaits de leur situation actuelle. Peut-être que certains tardent même un peu trop longtemps.

« Même si ces gens sont tous sérieux et veulent aller au paradis – après un certain temps – ils ne semblent pas pressés de commencer et ont peu envie de risquer les changements climatiques.

« Parmi d'autres merveilles incomparables, si la nature avait bien fait, elle aurait placé la « Fontaine de Jouvence » dans certains de ces endroits charmants, car le « départ prématuré » d'une personne à Zelania semble tout à fait injustifiable. Une personne quittant volontairement n'importe quel autre pays pourrait être justifiée d'effectuer ce changement, mais lorsque quelqu'un se retire définitivement de Zelania, cela signifie qu'il y a eu coercition, exercice d'un pouvoir étranger.

« Étrange, mais les livres montrent que soixante-dix-neuf suicides ont été commis en un an à Zelania, même s'il semble incroyable qu'une personne à Zelania puisse volontairement prendre sa retraite. Bien sûr, ils ont peut-être souhaité aller au paradis avant certains de leurs voisins, car en Zelania, ils aiment être considérés comme un peu avancés.

« Pour assurer ou sécuriser la santé publique, il existe de sages lois sanitaires, des institutions charitables et des hôpitaux ; la pratique de la médecine est sagement surveillée et exercée par des médecins compétents. Dans toutes ces affaires publiques, le gouvernement, c'est-à-dire le peuple dans sa capacité organisée, est très généreux dans son aide.

« Dans les hôpitaux locaux ou dans les entreprises caritatives, le gouvernement donne généralement livre pour livre pour toutes les contributions privées, et les nombreuses institutions de ce genre dans toute l'Australasie fournissent une agréable surprise aux voyageurs observateurs. »

# « EN PRÉSENTATION. »

M. Oseba était très intéressé par « l'entreprise » des Outeroos. Je cite:-

« J'ai visité tous les pays de la haute société d'Oliffa et j'ai constaté que les Outeroos font beaucoup d'exercice physique. Ils se livrent à une folle course aux dollars. La raison pour laquelle un homme devrait vouloir autant de « dollars » n'est pas très claire, mais il est très clair qu'il les veut. Les hommes qui possèdent beaucoup d'argent ressemblent, dans la plupart des domaines, aux hommes qui possèdent très peu d'argent ; ils s'alarment de la variole, le froid et la chaleur leur donnent soif, et la belle actrice tourne également leurs têtes superficielles. Puis aussi, le sinistre char qui transporte les déchets de la « Cité de la confusion » et les dépose dans la « Cité du Silencieux », s'arrête aussi rapidement au manoir de Lady Bountiful qu'à la masure de la blanchisseuse.

« Quand l'homme qui a de l'argent meurt, il est à peu près aussi mort que son valet de pied – dans des circonstances semblables. Il sera mort à peu près aussi longtemps, et quelles que soient ses facilités de transfert de richesse pendant qu'il est en activité, il ne peut rien emporter avec lui. Mais c'est peut-être une bonne chose, car si la vieille histoire était vraie, elle fondrait probablement.

« Le monde a été réveillé par la force magique du génie moderne et est en train d'être unifié par l'entreprise commerciale anglo-saxonne. Les nations s'enrichissent ; l'or est le seul objet de l'ambition, du labeur, de la production, du commerce. Pour l'or, les travailleurs s'efforcent, le duc se marie, le patron vole, le politicien « négocie », l'avocat trompe, le juge décide, le noble triche et le « curé » fait une collecte. Dans cette énorme confusion, un grand nombre de gens font beaucoup d'exercice – quelques-uns « coupent les coupons » et sont heureux.

« Mais les Outeroos supérieurs ne sont que des païens apparents, mes enfants, et l'or est le dieu universel. Lorsque Moïse a brisé le « veau d'or », les fragments devaient être nombreux, et chaque petit morceau devait s'être multiplié en plusieurs bœufs adultes.

« Cette divinité, cependant, ne devrait jamais devenir « jalouse ». Ses adorateurs ont au moins une vertu solide, car parmi des millions d'entre eux, aucun hypocrite ne s'agenouille. Alors que les autres divinités sont parfois bafouées et souvent négligées, le « veau d'or » est toujours présent. Mais il s'occupe des affaires, et partout il possède une puissance merveilleuse.

« Le génie a accéléré la main du travail, dit Oseba, mais il n'a pas enlevé les insensibilités, et presque partout à la surface d'Oliffa, l'opulence du manoir raconte la misère de la masure. Le propriétaire de l'un des projets, le locataire de l'autre labeur. L'homme qui travaille travaille pour un autre ; l'homme qui

« complote », enfin, l'autre va le voir pour un contrôle à la fin de la semaine. Jusqu'à l'établissement des grandes démocraties des Antipodes, tous les gouvernements du monde, quels que soient leur titre, leur style ou leur forme, conspiraient avec ruse pour voler la crédulité, avec les intrigants pour voler le travailleur.

« J'ai raisonné ainsi, mes enfants, afin que vous puissiez réaliser, en « regardant cette image, puis celle-ci », que Zelania a présenté au monde une politique sociale dans le cadre de laquelle le peuple, dans sa capacité organisée, a assuré au peuple , à titre individuel, une mesure plus complète des fruits de leurs efforts mentaux et physiques que ce n'a jamais été le cas dans aucun autre pays sous le soleil.

« Ce n'est même pas une politique du « plus grand bien pour le plus grand nombre », car, comme le bonheur le plus pur consiste dans une participation à la joie générale, c'est une politique du plus grand bien pour tous.


« La devise de Zelania est : « Celui qui gagne aura, et celui qui lutte jouira. » En cela, les gens ont construit mieux qu'ils ne l'imaginaient, et bientôt Zelania sera l'endroit le plus remarquable d'Oliffa, et des milliers de personnes visiteront ses merveilleux rivages, pas plus pour profiter des musées des dieux que pour étudier les coutumes et les caractère de la première nation des hommes émancipés.

« Zelania, bien qu'elle soit aujourd'hui la plus grande pionnière sociale du monde, a été pratiquement arrachée à la nature par la génération actuelle d'hommes. Les îles Zélaniennes étaient le dernier meilleur cadeau de la nature à la race la plus noble de ses créatures les plus nobles – les dieux semblant avoir attendu un locataire approprié pour ces champs plus que élyséens.

« Zelania, mes enfants, est le Jean du désert, le prophétisé des temps anciens, le prophète du nouveau. Elle est le phare du présent, le flambeau divin du futur.

Oh, c'est inspirant ! Prenons un « envol » amateur.

A la Déesse de la Justice, leurs prières sont lues.
Devant cette déesse Zélanienne incline la tête basse ; Car elle a donné aux Zélaniens, ni voyant ni prêtre, Elle leur a donné la coutume de la fête de Galilée. Car riche, malgré ses dons au présent et au passé, Elle a gardé pour ces Britanniques le « meilleur pour le dernier."

Ici, ils ont construit un temple — il a été construit sur le plan qu'il est le plus noble qui soit le plus d'un homme ; ils ont posé comme fondement « l'amour de leur espèce » ; , mais la justice seule, devrait toujours rester comme la pierre angulaire principale.

Ils ont construit le temple ; il a été construit par des hommes
appelés du magasin, de la montagne et du vallon.
"Il a été construit pour les hommes - pas pour certains, comme autrefois -"
Il a été construit par des hommes, des flèches jusqu'au sol. " Il a été
construit trop fort pour que les forts puissent transgresser, mais il a été
construit trop faible, les plus faibles pour opprimer. " .

Pardon; Revenons aux notes de Léo, car la candeur modeste de M. Oseba
convient mieux à cet âge proactif.

### ELLE EST VENUE – ENFIN.


« Et le Seigneur Dieu dit : 'Il n'est pas bien que l'homme soit seul ; Je lui ferai
une aide pour lui.


Sans irrévérence, je considérerais cela comme une excellente idée.

M. Oseba, disent les notes, a donné un aperçu des plus agréables des relations
domestiques des Outeroos, avec une référence particulière à la situation des
femmes.

Les notes sur cette phase agréable de l'oraison étaient pleines et pleines
d'entrain, mais en résumant quelques douzaines de pages, je présenterai les
impressions de l'orateur sous mon propre costume, comme si j'avais moi-
même appris quelque chose sur ce thème intéressant.

Les plus forts et les plus hautains des Outeroos sont appelés hommes, tandis
que les plus fragiles, doux et loquaces sont appelés femmes, ce qui signifie
que d'une certaine manière ces dernières doivent être « courtisées et gagnées
» avant d'atteindre la fin ultime de l'existence.

Autrefois, l'homme gagnait ces belles créatures dans une course pour la vie.
Ils les « courtisèrent » avec un matraque, les capturèrent, les traînèrent jusqu'à
une hutte et les enchaînèrent au montant de la porte jusqu'à ce qu'ils soient
« persuadés » de faire mijoter les huîtres. Mais cette femme, avec une astuce
qu'elle aurait conservée jusqu'à ce jour, a astucieusement conçu un piège
dans lequel elle savait que son « seigneur et maître » – une épithète qui a
survécu à la destruction des empires – placerait son brogan.

À partir des déchets de la « cuisine », elle a fertilisé le sol au niveau des racines
d'une herbe lourde, qui s'est transformée en grain. Elle a humidifié une
plante et celle-ci s'est ouverte en un fruit. Elle a apprivoisé le jeune animal –
apporté pour le ragoût – et il est devenu le chien fidèle. Par un coussin de
mousse, elle adoucit le rondin qui servait d'oreiller à son seigneur, et, à son

retour avec des baies de tortue et de saumon, elle regarda son visage basané et sourit.

Il a été impressionné. Il la prit doucement par la main, la pressa contre sa poitrine palpitante et, regardant ses yeux profonds et liquides, il dit : « Je t'aime . Il brisa les chaînes qui l'attachaient et, les chaînes des poignets étant tenaces, il les polit pour en faire des bracelets, qui sont encore portés comme un rudiment des temps anciens. Ce que « Papa » pourrait dire est venu plus tard. Les deux sont devenus une seule chair – laquelle a toujours été discutable.

Ensuite, il fut convenu, avec des restrictions très considérables, qu'ils seraient partenaires. Elle, l'homme ou la femme courtisée, devait aimer, servir, obéir, tandis que lui… assurait la surveillance.

L'ancien système est tombé en désuétude il y a plusieurs siècles et le nouveau a constitué un changement, en grande partie dans la forme, mais à peine dans les faits.

Les vieilles chaînes ont rouillé dans les musées du passé. Le club, ce puissant persuasif d'autrefois, a été présenté au champion de l'équipe de baseball, et la femme est en liberté. Mais comme le prêtre signe et sanctifie désormais le lien, le changement, dans la plupart des pays, réside encore principalement dans le caractère des chaînes.

Tous les peuples ont des traditions qui aident à justifier les plus forts dans leurs actes d'oppression et à concilier les plus faibles dans leur vassalité.

Mais la civilisation s'est développée, uniquement grâce à l'émancipation des femmes. Tout comme les chaînes du cerveau, de l'âme et de la conscience de la femme ont été ôtées, l'idéal social s'est élevé, la force arbitraire s'est affaiblie et le sentiment et la raison ont prévalu. La femme est la mère ; des influences héréditaires et prénatales naissent la forme et le caractère.

Comment une mère, avec un sentiment d'infériorité, un sentiment de dépendance tamisée, sans courage ni individualité consciente, peut-elle donner naissance à une progéniture courageuse, indépendante et noble ? Seules des mères émancipées peuvent élever des hommes à part entière, et c'est ainsi que la race a progressé lentement.

Le monde doit davantage au passé et aux inégalités politiques entre les sexes qu'à toutes les autres influences retardatrices réunies.

Avec les progrès de la science, avec les forces physiques de la nature exploitées par les exploits mentaux, les positions relatives des muscles humains et des sentiments humains changent et, avec une raison cultivée, des affections plus profondes et des idéaux plus élevés apparaissent invariablement.

*Chaudron de Champagne à Wairakei, près de Taupo.*

Ici, je cite : -

« À Zelania, les femmes sont un « peuple », a déclaré M. Oseba, « et la liberté et les droits sociaux ne se limitent pas à une coupe particulière de vêtements. A Zelania, la mère, l'épouse et la fille se tiennent fièrement debout avec le père, le mari et le frère - et pourtant les saisons vont et viennent, les averses sont comme d'habitude humides, les fruits mûrissent avec le temps, la belle « compagne d'élection » est tout aussi surprise de la soudaineté de la question tant espérée, papa est invoqué comme autrefois, et le vieux monde gai se balance joyeusement au cours de son voyage sans incident.

« A Zelania, mes enfants, les femmes votent et revendiquent des droits politiques égaux à ceux qui achètent les billets d'opéra et installent les glaces.

Bien sûr, ils ne vont pas au Parlement, sauf aux séances, où ils apportent leurs sourires amoureux et leurs coutures, mais ils sont en route et ils y arriveront quand même.

« Mais avec l'arrivée des femmes, peu de changements ont été notés – si peu d'espoirs ou de craintes de tous les temps se sont concrétisés. La femme ne porte pas d'éperons – elle n'a pas quitté sa place – et elle ne fait pas de visites touristiques, comme le fait son mari, et jure qu'elle a été détenue au « grand livre ». Elle n'est pas devenue masculine, car elle est toujours la douce mère des enfants, et elle est toujours la même chère vieille mère, ou épouse, sœur ou amante, comme autrefois, lorsque Zeus disait : « Voici ! quand le beau sourire, la victoire est proche.

«Mais tous les espoirs nourris avec tant de confiance ne se sont pas non plus pleinement réalisés. On n'a pas découvert – dit-on – que « l'atmosphère politique » ait sensiblement changé ; que le caractère personnel des législateurs est considérablement modifié ; que l'éthique sociale a été révolutionnée ; ou, à la surprise de beaucoup, que la distance entre les boissons ait été considérablement allongée. Mais quels que soient les moyens utilisés, les grands changements arrivent lentement.

«En fait, l'expérience de Zelania, lors de trois élections législatives, indique plutôt que sur les questions sociales, politiques, économiques et morales, les hommes et les femmes du pays sont 'taraudés' à peu près dans le même sac.

« Mais dans cette réforme, il y a un sens de la justice et une grandeur d'âme consciente qui sont mentalement exaltantes et doivent avoir des conséquences favorables pour la société partout dans le monde. Dans l'air de Zelania, toutes les entraves rouillent, et le drapeau d'une nouvelle victoire, conquise sur les coutumes traditionnelles et l'égoïsme, ayant été déployé dans cette noble terre, les gens au loin rêveront d'abord, puis hésiteront, puis s'enquerront, et finalement concluront qu'ils ont une redistribution des cartes dans ce jeu douteux de la vie.

## GOÛTS INTELLECTUELS.

« Si Zelania est fière de son système d'éducation, on lui pardonnera peut-être », fut la première référence d'Oseba à l'ambition intellectuelle de son peuple. Il a été éloquent sur ce sujet. Comme n'importe quel penseur pourrait le « deviner », les Zélaniens ne tardèrent certainement pas à élever les goûts mentaux ou à prendre des dispositions pour l'éducation des futurs citoyens.

Les bases de l'excellent système scolaire actuel ont été posées par les anciennes autorités provinciales, et les meilleurs espoirs des pionniers, ceux qui croyaient à « enseigner aux jeunes les idées du tir », se réalisent magnifiquement.

L'orateur dit :

« Actuellement, 82 pour cent. des habitants de Zelania possèdent les rudiments de l'éducation, ce qui, compte tenu du caractère pionnier du pays, « en dit long » sur la communauté.

« Il y a plus de 2 000 écoles dans la colonie, avec une fréquentation d'environ 150 000 élèves. Parmi ces écoles, environ 1 600 sont gratuites et tous les enfants âgés de sept à quatorze ans sont tenus de les fréquenter. Les indigènes disposent également de 96 de ces écoles primaires gratuites, fréquentées par 4.500 élèves. Plutôt nouveau ; mais les chemins de fer transportent gratuitement les enfants vers et depuis l'école la plus proche.

« Dans les écoles primaires, outre les branches habituelles, telles que la lecture, l'écriture, le calcul, la géographie, la grammaire et l'histoire, les sciences élémentaires et le dessin, les filles apprennent la couture et l'économie domestique, et les garçons sont formés au métier de « militaire ». héros.'

« Outre ces écoles primaires gratuites, il existe de nombreuses écoles secondaires supérieures, financées en partie par le gouvernement et en partie par des « frais de scolarité », et bien d'autres écoles privées et confessionnelles de très bon ordre. En règle générale, une confession religieuse – les catholiques romains – refuse de fréquenter de manière très générale les écoles publiques, et cette église soutient indépendamment un grand nombre d'excellents établissements d'enseignement. Il existe huit écoles techniques ou artistiques, fréquentées par quelque 3 000 jeunes, la majorité d'entre eux terminant leur scolarité à ce stade. Les branches enseignées dans ces écoles et les matières d'examen couvrent un vaste domaine, et le jeune qui les maîtrise peut être considéré comme assez bien équipé pour la plupart des batailles de cet âge actif. Dans ces écoles, un jeune est armé du « pratique », avec peu de risque d'être trop « bourré ».

« En fait, mes enfants, » a déclaré M. Oseba, « de nombreux pays de la haute société sont remplis de cancres instruits, qui sont mentalement déformés par le surmenage et qui sont inspirés par l'espoir de vivre de « peau de mouton » ; mais comme Zelania n'a pratiquement pas de classe riche ou aisée, l'idée fondamentale de la formation scolaire est d'adapter la génération montante, non pas à un service ornemental, mais à un service pratique.

« Zelania, comme pierre angulaire de son édifice éducatif, possède une université qui a été instituée par une loi du Parlement en 1874, non pas dans le but d'enseigner, mais pour encourager une éducation libérale. Cette université est une institution d'examen, d'attribution de bourses et de délivrance de diplômes, et la responsabilité du succès des travaux universitaires incombe principalement aux quatre collèges d'enseignement affiliés, qui ont un programme d'études en sciences, arts, médecine, droit, mines, ingénierie. et l'agriculture.

«Ensuite, il y a les écoles industrielles, les écoles pour aveugles, sourds et muets, qui, en somme, constituent un système magnifique, toutes gérées à grands frais pour l'État. Mais le caractère généralement élevé du peuple, son attitude et ses manières habituelles, le ton moral moyen et l'absence, pour l'essentiel, de grossièreté et de vulgarité, témoignent fortement des mérites du système éducatif du pays, ainsi que de la qualité du système éducatif du pays. influences naturelles et sociales qui façonnent la société.

## AUTRES « GOÛTS ».

Avec la phase suivante de la vie zélanienne, selon les notes de Leo Bergin, Oseba fut profondément impressionné et heureux, car il dit :

« Comme on pouvait s'y attendre, mes enfants, dans un pays si béni par la nature, occupé par une race si noble et gouverné par des lois si incomparablement sages et généreuses, le mot « pauvre » ne se trouve pas dans les statistiques zélaniennes, et les « criminels » ", compte tenu de la nouveauté du pays, sont en effet rares."

Parlant de la nature du crime, Oseba a déclaré :

« Le vice et la vertu, mes enfants, sont en grande partie des questions de sensation. Les actions des hommes qui produisent des sensations désagréables, immédiates ou lointaines, nous les appelons vices, tandis que le contraire nous les appelons vertus. Nous sommes le produit de l'expérience. Le vice est le guide vers la vertu – le signal de danger. Sans vice, il n'y aurait pas de définition de la vertu.

« Mais le goût a beaucoup à faire pour guider un peuple. Les Zélaniens ont le goût du savoir, mais ils ont d'autres goûts. Les Outeroos chrétiens ont soif et les Zélaniens sont des Outeroos. Étrange, mais en une seule année, plus de 7 000 de ces nobles Zélaniens furent arrêtés pour leurs efforts sincères pour satisfaire cet engouement particulier. Cela semble incroyable, car bien qu'il y ait plusieurs personnes en Zelania qui n'ont jamais soif, environ 7 000 000 de gallons de bière sont utilisés chaque année pour remplir le « canal alimentaire » des Zelaniens. Pourquoi, avec une si grande quantité de boissons, avec une distance si courte, tant dans le temps que dans l'espace, entre les boissons, cette sensation particulière devrait faire tourner la tête des hommes, n'est pas très clair.

« Beaucoup de gens très bien intentionnés croient qu'il y aurait moins d'« arrestations » pour ces bizarres monstres si la distance entre les verres était allongée, mais d'autres, s'intéressant considérablement à la question, soutiennent que la plupart de ces personnes confuses sont « arrêtées » pendant leur longue recherche de quelqu'un pour faire les « cris ».

"Cependant", a déclaré Oseba, "il y a un côté agréable, car 51 pour cent. de la population âgée de plus de quinze ans était née à Zelania, cette proportion n'en fournirait, dit-on, que 17 pour cent. des recettes de la Cour pour cette récréation déroutante.

« Pour les autres délits, les 51 pour cent. des meubles nés dans le pays, mais 28 pour cent. des contrevenants à la loi.

« Il se peut, mes enfants, que les 49 pour cent. des personnes nées à l'étranger, qui fourniraient, dit-on, l'autre pour cent. Une grande partie des « recettes » ne font que célébrer leur arrivée dans un pays si glorieux, un pays où, dit-on, le salaire d'une journée permet de payer de nombreuses bières. Quoi qu'il en soit, le Zelanian, né dans le pays, semble être le meilleur homme, car soit il « appelle » moins fréquemment, soit il « porte mieux sa charge » que le « nouveau copain ».


Mais tous ont soif, M. Oseba, et la « pratique au bar », si elle n'est pas rentable, est exaltante.

Ils pensent qu'ils veulent boire un verre.
Quand il fait humide, ils veulent boire. Quand il fait sec, ils veulent boire.
Quand il fait chaud et quand il fait froid; Quand ils sont jeunes et quand ils sont vieux, ils pensent, et quand ils pensent, ils veulent boire. Quand ils sont malades et quand ils vont bien, En route pour le paradis ou pour ——
, Alors ils pensent — ils veulent boire. Mais pensent-ils quand ils boivent ?
Ou est-ce que la boisson confond la pensée ?

"Mais le fait", a déclaré M. Oseba, "qu'il y ait eu douze homicides en une année, est très surprenant pour l'étranger curieux. Il est certain qu'aucun homme bien « cantonné » en Zelania ne devrait se soucier d'être tué, et la tête imprudente qui planifierait, ou la main impitoyable qui exécuterait un dessein visant à mettre un terme à une vie en Zelania, devrait d'une manière ou d'une autre être empêchée d'accomplir un objectif aussi vain. . Cependant, en déduisant les homicides de naissance à l'étranger, cela laisse aux Zélaniens le bilan le plus vierge du monde « chrétien » – comme on pouvait s'y attendre.

"Les Zélaniens, mes enfants, sont généralement heureux d'être en vie et, aussi, ils sont généralement disposés à permettre aux autres de rester et de profiter du divertissement."

## GYMNASTIQUE INTELLECTUELLE.

Les notes relatives à l'art et à la littérature zélaniennes étaient très complètes et complémentaires. On dit que l'art ne se développe qu'avec l'âge, et que si l'aspect de la nature peut plaire à l'imagination poétique ou artistique, l'art naît d'idées dominantes, de sentiments profondément enracinés et, comme dans les pays nouveaux, actifs, progressistes et commerciaux. les idées dominantes ne se prêtent pas à la rêverie et ne peuvent être exprimées avec émotion sur la toile, l'art de Zelania doit être « importé » pour une saison. Mais la littérature est arrivée, et la littérature est civilisation.

Les notes continuent : -

« La littérature, ou, pour élargir le thème et dire le goût du savoir et de la lecture générale chez Zelania, mérite de nombreux compliments. Bien qu'il n'existe pas encore de littérature portant le cachet distinctif du génie zélanien, de nombreux volumes d'une réelle valeur, tant en prose qu'en vers, ont été écrits, et les sujets font preuve d'un goût, d'une connaissance et d'une imagination variés.

« Tandis que de par la nature même des choses, Zelania doit être une terre de romance, de poésie et de chant, de scène, de course et de salle, cependant, de la robustesse du stock doit d'abord provenir une quantité suffisante d'œuvres d'un caractère plus grave à mesure que l'exubérance actuelle de la société s'atténue vers une méditation reposante. Aujourd'hui, Zelania valse, demain elle marchera et la semaine prochaine elle réfléchira.

« Zelania possède de nombreuses bibliothèques bien gérées et, compte tenu de la population, les Zelaniens achètent, paient et lisent plus de livres que tout autre peuple sur terre. Le genre de livres ? Eh bien, exactement le genre auquel tout étudiant s'attendrait – des déchets, en grande partie, car les déchets trash sont au goût du temps, partout.

*Terrasses de silice, Orakei Korako, entre Rotorua et Taupo.*

« Mais cela montre le désir de lire et, à mesure que ces enfants grandissent, une classe de livres plus sobres passera des étagères au bureau du lecteur. Même aujourd'hui, en Zelania, le goût pour la littérature sanglante et tonitruante diminue, tandis que l'humour gai et chaste, avec des aperçus de la philosophie de la vie, est de plus en plus en vogue. Le cœur d'une nation peut être vu à travers ses lois, mais le cœur, l'âme et les lois sont le produit de la littérature nationale. La littérature est civilisation.

« Les Zélaniens forment une nouvelle communauté – les gens ne se sont réunis que récemment – la société est dans un « ragoût », car les membres ont peu de « connaissances » mutuelles et comme le nouvel environnement, l'air et l'aspect de la nature le suggèrent. hilarité, tous les sermons du monde ne transformeraient pas cette « fête » zélanienne en une réunion de prière. Dans le personnage zélanien apparaît le diamant étincelant, et dans la fibre zélanienne il y a aussi le chêne et l'acier qui raconteront les lendemains.

« Comme preuve de leur appétit mental ou de leur habitude de lire, les 800 000 Zélaniens possèdent et soutiennent 200 journaux, dont plusieurs se classent parmi les plus grands journaux du monde, et le ton moyen d'aucune presse dans le monde n'est plus élevé que celui de Zélanie.

« Fidèles à leurs défauts raciaux », a déclaré Oseba, « les Zelaniens, comme les Australiens et les Américains, ne sont pas des linguistes. Ces personnes merveilleuses ne semblent ni désireuses ni capables de parler des « langues étrangères ». Avec une brève expérience, j'ai trouvé cela malheureux, mais j'ai peu à peu changé d'avis, car non seulement le monde commence à utiliser le discours anglais, [C] mais comme « le silence est d'or », et il est manifestement plus facile de se taire. dans une langue comme dans plusieurs langues, cette faiblesse a un côté vertueux.

« J'ai souvent remarqué, à l'étranger, combien les maîtres de plusieurs langues sont enclins, lorsqu'ils s'efforcent de se taire dans une seule, à s'exprimer dans un discours moins euphonique et à se trahir ainsi, ou du moins à susciter un sourire contagieux de bonne humeur. désapprobation.

« Mais la gymnastique mentale à Zelania a produit de nombreux résultats visibles.

« Bien que le pays soit très nouveau dans toutes les phases de l'être moderne, politique, social, judiciaire, éducatif et religieux, il possède une forme merveilleusement symétrique. Le pays doit sa splendide condition actuelle aux efforts d'hommes qui étaient eux-mêmes le produit d'une vie coloniale dure mais heureuse et intéressante.

"Aussi nouveau et lointain que soit ce pays, aussi étroit que l'ait été l'horizon politique, industriel et social, par la vigueur du courage hérité et la force de persuasion irrésistible de l'environnement romantique, en courage physique, en endurance morale et en force intellectuelle, le leader de Zelania les hommes se compareront bien à ceux formés dans les grands centres historiques du monde.


« L'actuel Premier ministre, qui a dirigé le navire de l'État pendant plus de dix ans de ses plus merveilleux progrès, a obtenu son diplôme à la rude école de l'activité industrielle et, se débarrassant des instruments de la coutume et de l'illusion, il a non seulement fait de Zelania un pays plus prospère. visiblement une tache rouge sur la carte du monde, mais lui-même est devenu une force reconnue dans les Conseils de l'Empire.

« Mais avec d'autres que ses hommes d'État progressistes, Zelania est riche d'une virilité robuste et de capacités – de matière grise. Ses écoles et collèges se classent bien parmi les établissements d'enseignement des pays plus anciens et plus riches ; ses instructeurs sont profondément instruits ; son pouvoir judiciaire, avec son chef actuel, ornerait le banc de la Patrie elle-même ; et ses professionnels du droit et de la médecine, s'ils étaient regroupés dans un corps dans un autre pays, ne feraient pas baisser la moyenne.

« Bien sûr, mes enfants, tous les jalons ne sont pas encore des statues ; Tous ceux qui flânent dans les parcs ne sont pas des poètes, ni tous ceux qui se promènent dans les rues ne sont des philosophes, mais selon l'idée dominante à Zelania, cette noble aspiration se réalisera bientôt.

"Ceux-ci, mes enfants, même si je n'ai pas bu avec les hommes d'État, je ne suis pas venu devant les tribunaux, je ne "nourris" aucun notaire, et ma santé était parfaite pendant mon séjour à Zelania, quelles étaient mes impressions sur ces thèmes."

## POUR L'AVIS.


« Que votre lumière brille ainsi devant les hommes, afin qu'ils voient vos bonnes œuvres. » (Habituellement obéi . — NDLR )


Sous ce titre, les notes étaient pleines et claires, mais à mesure que la vie raccourcit et que l'espace diminue, je condenserai grandement.


Amoora Oseba informe son auditoire que les Zélaniens ont une religion considérable – en fait, il semble y en avoir presque assez pour tout le monde, car tous, à l'exception d'un très petit nombre, l'auraient sous certaines de ses diverses formes.

« Sur les 800 000 personnes, presque toutes », dit-il, « appartiennent à une société religieuse, et presque tous ceux qui prétendent que Dieu est leur père semblent penser qu'il est nécessaire de considérer l'Église comme une mère ; si peu font des affaires directement.

« Parmi les différentes croyances, l'Église d'Angleterre revendique environ 40 pour cent. dans le trou; le presbytérien 22 ; et les catholiques romains, 14 pour cent. Il y a près de 1 000 ecclésiastiques à Zelania, considérés comme des gentlemen d'excellentes connaissances.

« Comme on peut s'y attendre de la part d'un peuple aussi libre et civilisé, il existe parmi toutes les classes et croyances en Zelania un esprit louable de fraternité et de tolérance communes. En fait, les membres des différentes croyances boivent au même bar et assistent au même match de football, même si, étant ainsi élevés, ils désirent aller au paradis par des trains différents. Tous semblent lutter ensemble pour le bien général, se divisant, d'un commun accord, quant aux méthodes à suivre pour atteindre le but recherché. Cependant, les catholiques romains, afin que leurs disciples soient instruits de manière à être sûrs de « choisir la formation appropriée », fournissent généralement leurs propres écoles, tout en contribuant, par le biais de l'impôt général, au soutien de la plupart des autres. Il est probable que dans aucun pays aussi universellement religieux, il n'y ait aussi peu de préjugés ou d'intolérance liés aux croyances.

« Mais l'émancipation politique et sociale donne partout à l'homme une dignité et une valeur conscientes qui le placent en harmonie plus étroite avec l'infini et lui inspirent la sympathie, l'amour et la charité. Les gens sont religieux, mais pas sectaires. Ils sont religieux, mais ils ne sont pas superstitieux et, comme ils ont été spécialement guidés, ils n'expriment aucune désapprobation à l'égard des méthodes de la Divinité.

« En effet, comme tous les gens bien réglés, les Zélaniens prient, mais, au lieu de se prosterner, ils se tiennent courageusement debout et, se considérant comme l'acte suprême de la puissance créatrice, ils félicitent le Tout-Puissant pour l'excellence de son œuvre. »

Ici, la poétesse Vauline demanda si tous les habitants des Outeroos supérieurs adoraient la même divinité.

«Oui, mes enfants», dit avec franchise le sage Oseba, «le dimanche. Le dimanche, les chrétiens extérieurs se réunissent dans des lieux confortables et adorent le seul vrai Dieu. Les autres jours, de nombreuses personnes accordent beaucoup d'attention à une autre divinité. Cette divinité quotidienne – par les personnes qui louent la générosité prodigieuse des autres – est évoquée avec beaucoup de mépris.

« Cette divinité est vénérée par de nombreuses personnes sous de nombreux noms, mais les Américains, parmi lesquels on dit – à l'étranger – qu'il a une grande influence, l'épelent ainsi : $. On peut cependant douter que les Américains se soucient réellement plus des sourires de cette divinité que les autres, mais ils se lèvent plus tôt. D'après la tradition, les chrétiens d'Outeroos l'appellent Mammon, et bien qu'il soit très dénoncé par des lèvres pieuses, il est considérablement visible dans les lieux très saints.

« Bien sûr, mes enfants, ces observations ne s'appliquent pas aux Zélaniens. Mais les Outeroos deviennent plus sages, plus forts, plus nobles et meilleurs, et les gens sont enclins à penser que celui qui sert le plus l'homme plaît le plus à Dieu.

C'est vrai, M. Oseba ! Le monde devient meilleur et plus véritablement religieux à mesure qu'il devient plus sage.

Quand nos cieux sont remplis de démons —
En famine ou en fête — Nous nous recroquevillons devant la foudre, Et nous nous agenouillons devant le prêtre ; Quand nous rampons dans les cavernes, L'imposition des mains, Notre service et notre substance, Notre foi et notre peur , commandes.Mais nous regardons dans les cieux—

Recking pas le froncement de sourcils ni la tige—jusqu'à ce que nous ayons un aperçu d'Euclide, alors nous sommes face à face avec Dieu.

# SCÈNE VIII.—Acte V.

## "DIGNE DE SON ENGAGEMENT."

Et il fut décrété que la vie de ceux qui travaillaient serait épargnée.

COMME Leo Bergin, avant de prendre sa retraite, s'intéressait lui-même profondément à toutes les affaires industrielles, il rapporta Oseba avec beaucoup de détails tandis que la situation du travail de Zelania était discutée.

Il y avait eu un entracte et un déjeuner, et le public, reposé, a montré un profond intérêt pour un problème dont la solution a mis à rude épreuve les meilleures énergies des hommes d'État les plus compétents de nombreux pays pendant de nombreuses générations. Comme texte pour son agréable sermon, Oseba a déclaré :

« Pour vous, mes enfants, pour les Shadowas de Cavitorus, cela paraîtra étrange, mais parmi les chrétiens d'Outeroos règne une confusion industrielle partout, avec peu de chances d'une harmonie rapide – car Zelania seule est un pays sans grèves, sans haine de classe. et, parmi ceux qui ont des parlements, n'ont pas de parti travailliste à l'Assemblée législative. »

Je conclus des notes : -

Zelania était habitée par une excellente classe de gens et, bien qu'un trop grand nombre de meilleures terres, comme nous l'avons remarqué plus haut, furent d'abord laissées tomber entre quelques mains, influencées par l'isolement et l'éloignement des scènes qui créaient le vieux précédent, par le la nouveauté de l'environnement, la nécessité de découvrir de nouveaux expédients pour satisfaire les nouvelles demandes ou conditions, et l'influence croissante d'une nouvelle concurrence dans un climat nouveau, libre et exaltant, il y eut une ruée de cerveaux à la tête en Zelania, et une nouvelle redistribution des cartes fut annoncée.

Là où personne n'était riche et où tous devaient se bousculer, le « greffeur » était respecté. Une communauté d'intérêts s'est formée, et ceux qui écrivaient et ceux qui travaillaient marchaient côte à côte, choisissant parmi eux les instruments ou les serviteurs par lesquels la conscience publique devait s'exprimer dans le droit.

Dans les questions de politique coloniale, aucun n'invoquait les « nuances des pères honorés », aucun ne faisait appel à « l'expérience des âges », aucun ne se demandait ou ne se souciait de ce que faisaient la Grande-Bretagne ou l'Amérique, mais « comment pouvons-nous construire l'édifice le plus confortable à partir du matériel à portée de main ? était le problème qu'ils cherchaient à résoudre.

Si tous ceux qui ont prié, lutté, combattu et sont morts pour la liberté, depuis Otanes, le Perse, jusqu'aux fils basanés de Cuba ou des Philippines, pouvaient voir cette scène, ils pourraient bien dire - pas selon les mots de M. Oseba : « Seigneur, laisse maintenant ton serviteur partir en paix, car mes yeux ont vu ton salut. »

A Zelania, il n'y avait pas de concours de classe. Il n'y avait pas de révolution sociale dans l'histoire, mais les gens « se sont montrés à la hauteur », ils ont regardé autour d'eux avec curiosité, ont cédé à la logique de la situation et… l'ont été.

*Fontaines bouillantes, lac Rotomahana.*

Ici, les gens voyaient clairement la théorie fondamentale, ou les éléments essentiels de la production. Ici, ils virent le trésor de la nature rempli de récompenses alléchantes, et ils se rendirent vite compte que le labeur était le sésame ouvert auquel la nature répondait promptement et d'une main somptueuse.

Ils comprirent que « le travail et la terre », après un long divorce, devaient se remarier – pour le bien des enfants – et que la « richesse », au lieu d'être un dieu partiel surgi des cavernes magiques pour aider les rusés à écraser l'humanité, était en réalité, ce ne sont que les économies ou les produits nets du travail « d'hier », et le capital, cette partie de la richesse consacrée à l'amélioration des outils avec lesquels le travail peut plus facilement tirer davantage de richesse des réserves de matériaux offertes gratuitement par la nature à ses enfants curieux. Qui « accapare » la matière première, insulte dame Nature et assassine la liberté.

Comme il y avait une unanimité considérable de sentiments sur ces questions à Zelania, il a été jugé sage d'établir des règles équitables pour le fonctionnement des divers facteurs, rouages, roues et poulies de cette machine complexe. Bien entendu, quelques personnes, convaincues qu'elles avaient droit à des laissez-passer gratuits pour tous les divertissements publics, s'y sont opposées ; mais il a été demandé à ces messieurs de rester là et de « tenir le téléphone » pendant que l'enquête était en cours.

M. Oseba a déclaré : « Le gouvernement de Zelania est si proche des portes du peuple que les lois ne sont en réalité que les conclusions enregistrées de la communauté. »

Le peuple avait appris - je conclus par les notes - que dans tous les pays et à toutes les époques, une monopolisation de la terre avec des privilèges légaux avait abouti à des distinctions de classe insolentes, à la pauvreté, à la misère et à l'oppression, et ils proposèrent de s'engager dans une collecte de fonds. , et ériger une nouvelle installation d'éclairage. Pour-

Le Britannique n'est pas venu pour un butin, mais pour une maison ;
Et il a construit un État, de la fondation au dôme. En l'honneur de son père, il a « grandi ». Il écoutait les « vieux carillons », mais il les taillait et les sculptait, pour les adapter aux « temps ». En guise d'oracles, il s'enquérait de la « Justice ». « La gloire » Pour lui, ce n'était rien, « mais les œuvres, disait-il, vivent dans l'histoire ».

M. Oseba a rappelé à son auditoire les règles régissant le régime foncier et la « colonisation », qui visaient à élargir la base de la pyramide sociale, et il a déclaré que les lois du travail ne faisaient qu'étendre les mêmes principes aux autres membres de la société productive ou machines industrielles.

« Les lois du travail de Zelania, dit-il, sont uniques ; mais ils ne sont « uniques » que parce qu'ils ignorent « l'expérience des âges les plus sombres », dans leur objectif de répartir équitablement les charges et les profits de l'industrie et dans le désir de leurs fondateurs d'assurer une paix industrielle permanente et une coopération sociale intelligente.

« On peut dire que les lois du travail de Zelania ne sont que des règles destinées à une meilleure entente et à une meilleure sécurité de l'employeur et de l'employé, en tant que promoteurs conjoints de l'entreprise industrielle, et nulle part le détenteur de richesse ne bénéficie d'un avantage indu par rapport aux autres. créateur de richesse.

« La législation du travail de Zelania comprend environ trente-cinq lois distinctes, et leur ton est généralement presque plus consultatif qu'obligatoire. Il n'existe pas de lois générales réglementant les heures de travail ou prévoyant un salaire minimum, mais dans l'intérêt d'une justice ouverte, certains tribunaux peuvent exercer un pouvoir considérable lorsqu'ils sont appelés à régler des questions de cette nature. [D] La législation du travail a commencé à Zelania dès 1865, dans la « Loi sur les maîtres et les apprentis », et a au moins suivi depuis lors le rythme des revendications rationnelles de la communauté.

« Le droit du travail de Zelania, comme ses industries, s'est développé progressivement avec les exigences du pays, comme le suggère le développement industriel du pays. Comme il s'agit d'une communauté industrielle et commerciale, les lois sont conçues pour couvrir toutes les phases de l'activité commerciale, pour être spécifiques dans leurs orientations, simples dans leur application et rapides et peu coûteuses dans leur exécution.

En disant une vérité, mais peut-être en la citant mal, M. Oseba a fait remarquer :

« Comme le disait un jour un homme d'État désespéré : « Rome ne se rend compte d'aucun danger, et même, elle ne tient compte d'aucun avertissement, jusqu'à ce que l'ennemi tonne à ses portes, alors qu'elle doit agir sans délibération », de même, les lois industrielles des autres pays sont généralement formulés et adoptés pour répondre à des urgences urgentes, tandis que la sagacité de Zelania se prépare, non pas aux urgences, mais à ce que les urgences ne surviennent pas.

« Alors que le travail est le facteur principal de la production de toute richesse, depuis une époque à laquelle la « mémoire » de l'homme ne va pas, le petit nombre, qui s'est habilement emparé de la richesse, a traité avec peu de courtoisie ceux qui l'a créé.

« En Zelania, cette « coutume séculaire » a été modifiée, car il a été ordonné que celui qui met sa sueur dans les choses qui répondent aux besoins humains, ne sera pas oublié par ceux qui transforment leur ruse en aimants pour attirer les besoins humains. le prix de ces choses dans leurs poches spacieuses.

« À Zelania, mes enfants, les gens qui travaillent dur, qui construisent des maisons, fabriquent des tire-bouchons et cultivent des asperges, sont considérés comme considérablement humains, même en dehors de l'école du dimanche et des réunions de prière.

« Ici, le pouvoir de travailler et de produire est considéré comme son capital. Sa famille, dans laquelle la communauté a un intérêt, doit être considérée et soutenue de cette source, et, si, à l'emploi d'autrui, une telle personne rencontre ou est rattrapée par un accident, son capital étant diminué, elle doit être « compensé ». [E] Cela a semblé, pendant un certain temps, une épreuve pour les employeurs – tout changement étant une épreuve – mais l'expérience a prouvé le contraire, car cette pratique a non seulement produit un « sentiment de camaraderie » plus noble, mais aussi un intérêt mutuel entre l'employeur et l'employé.

« Chaque changement nécessite d'autres changements, et chaque nouvelle lumière révèle des défauts qui nécessitent des améliorations.


« Dans cette mesure, il y avait un aperçu de justice, mais pour éviter des difficultés apparentes, l'État s'est engagé à assurer le travailleur, et alors on a vu que les entreprises privées pouvaient trouver beaucoup d'exercices – financièrement – sains dans la même ligne, et ainsi la machine industrielle est devenue plus symétrique. [F]

« Pour l'observateur occasionnel, ou pour celui qui considère le porteur de flambeau comme un innovateur attirant son fétiche, et pour le hibou à l'air sage qui se tient sur la porte du cimetière et hulule au passage du train du progrès, ces nouvelles expériences semblent espiègles et révolutionnaire; mais dans un avenir proche, les politiciens aux longues oreilles de nombreux pays devront faire face à la question suivante : « Qu'est-ce qui a fait de Zelania le paradis industriel du monde ? Donnez-nous un sourire de sa cantine.

« Elle change l'idéal, elle bénit la brique et le mortier avec lesquels est construit le Temple d'État.

« Si l'État est fait pour la femme et pour l'homme,
vous devriez faire l'homme et la femme du mieux que vous pouvez.

"Le fait que pendant une douzaine d'années, la machine industrielle de Zelania a fonctionné sans problème et que, alors que dans d'autres pays régnait beaucoup de confusion, elle a connu une ère de progrès et de prospérité sans précédent, devrait être une réponse aux craintes de ceux qui, parce qu'ils avaient « autrefois » fait beaucoup de progrès en fournissant à Diana sa tenue de scène, se sentent maintenant las.


"Cependant, si ces lois ne parvenaient pas à satisfaire les aspirations d'un peuple instruit", a soutenu M. Oseba, "les agents de l'autorité suprême seraient chargés de les adapter aux besoins populaires de la société, et de nouveaux brevets seraient délivrés.

« En fait, de tous les peuples, les Zélaniens sont les seuls à recevoir autant de leur gouvernement qu'ils y contribuent.

«Je ne suis pas sûr, mes enfants, pas vraiment sûr, que dans tous les cas ces lois libérales aient accéléré l'accident vasculaire cérébral des salariés. Je ne suis pas sûr que tous les salariés disposent de suffisamment de matière grise pour comprendre que toute sécurité ou privilège conféré par la loi impose des obligations réciproques. Émanciper un homme, c'est l'ennoblir.

« Un homme libre devrait dédaigner de souiller sa paume avec un sou non gagné. La loi qui a attiré l'attention des travailleurs n'avait pas pour intention de les diriger vers le cadran de l'horloge de la ville, et la loi qui interdisait à un employeur d'exiger vingt shillings de travail pour quatorze shillings de marchandises par camion, n'a jamais signifié que les travailleurs devaient retirer de leur son employeur un souverain en or pour quatorze shillings de travail.

« La justice et la sécurité devraient élever l'âme, aiguiser le sens du bien, éveiller les énergies et accélérer le rythme de tous ceux qui tombent sous ces influences bienveillantes.

« Je ne suis pas sûr, pas très sûr, que tous les habitants de Zelania soient dignes de participer à ces nobles bienfaits ; Je ne fais qu'expliquer les faits de la situation, le sentiment généreux qui prévaut si largement parmi le peuple, ainsi que les buts et les intentions des législateurs.

"Bien sûr, les hommes d'État zélaniens devront peut-être rappeler au peuple que des efforts accrus seront exigés pour chaque opportunité offerte, et que pour le succès personnel, il faut compter entièrement sur l'énergie, l'autonomie et l'effort, sinon il pourrait y avoir un malentendu."

Celui qui s'appuie lourdement sur le gouvernement - ce qui n'est pas le langage du chaste Oseba - se fatigue généralement facilement, alors s'il est bien de fournir à chaque passager une bouée de sauvetage, celui qui est trop paresseux pour donner un coup de pied mérite de mourir en mer, pour sauver frais funéraires.

« Mais, mes enfants, dit M. Oseba avec un sourire un peu humain, comme il est bien moins fastidieux de revêtir de l'avoirdupois que de revêtir de la matière grise, le millénaire social n'est pas encore bien ancré, même en Zelania. »

Mais, Monsieur Oseba, ils s'échauffent et ils y arriveront quand même, car maintenant que la lumière est allumée, le public encouragera les joueurs à de plus grandes performances.

Dans tous les changements de la vie, il y a des chagrins. Nous entrons et sortons de la vie avec douleur. À chaque progrès, certains sont laissés pour compte, à chaque amélioration, une main reste inactive, jusqu'à ce qu'elle soit entraînée à un nouveau devoir. Chaque progrès économique viole une coutume sous laquelle des torts anciens trouvaient un refuge honoré.

Mais je conclus, à travers de nombreuses pages, que la législation du travail de Zelania est encore imparfaite, comme le reconnaissent les dirigeants eux-mêmes, en les améliorant encore. Mais elle est en sécurité dans sa situation, et ces principes éternels de justice sont destinés à exercer une large influence dans le monde entier, car une lumière améliorée donne toujours à la plante entière une croissance plus symétrique.

Le monde doit, bien sûr, aux progrès constants de la situation industrielle de Zelania, d'abord à ses conditions naturelles sans précédent, ensuite à l'intelligence de son peuple, puis à ses hommes d'État progressistes, et en particulier à RJ Seddon et aux hommes compétents. qui ont constitué sa famille politique. Ceux-ci, sans tradition, histoire ou précédent, ont élevé le plan industriel du pays à un état proche de l'idéal social – conformément au mandat.

Comme Bolivar, Lincoln et bien d'autres porteurs du flambeau de l'humanité, M. Seddon, par la force de son propre génie, est issu du monde industriel. Il ne s'agissait pas d'un vol de météore éclatant de manière resplendissante sur un monde effrayé ; mais attendant fidèlement son heure, il est venu préparé, et évidemment il est venu pour rester, car l'heure de son départ n'a pas encore été annoncée.

*Kiwi. / Milford son.*

"M. Seddon est né un vrai Britannique. Il a été endurci par l'expérience coloniale, ses mains étaient calleuses par un labeur honnête, ses muscles ont été endurcis par des luttes héroïques, son intellect a été développé par une observation large et intelligente d'événements intéressants ; et il appartenait au peuple, en sortait et s'avançait pour servir le peuple.

« Il ne connaissait qu'un rang, celui du citoyen libre ; mais un seul guide, la voix du peuple ; mais un maître, celui du devoir, tel qu'il comprenait le commandement.

« Eh bien, un siège supérieur est devenu vacant et, ayant une vaste expérience dans les affaires parlementaires, une autorité reconnaissante, avec un ton invitant, a fait remarquer : « Richard, monte plus haut », et il a rejoint un Cabinet fort. Il a fait son devoir comme il l'entendait et faisait partie des lois les plus progressistes de Zelania. Il a mûri au fil des saisons.

« Les événements se sont précipités ; l'appétit du public s'est aiguisé et a dit : « Plus ! » M. Ballance, un premier ministre bien-aimé, est mort bêtement, un siège encore plus élevé était vacant, et une fois de plus, une autorité reconnaissante a dit : « Richard, monte plus haut. Il est devenu Premier ministre – le poste le plus important dans tout pays gouverné sous le système parlementaire britannique – en 1893, et pendant dix ans, avec la force d'un Hercule, le courage d'un Ajax et l'industrie d'un Ixion, il a courageusement travaillé en étendant, modifiant, élaguant et consolidant les règles industrielles de Zelania, jusqu'à ce que le monde qui les regardait d'abord avec amusement, puis avec un intérêt curieux, contemple maintenant avec admiration le fonctionnement réussi d'une théorie industrielle qui donne de l'espoir à l'humanité.

« Il était un produit de son époque. Les opportunités se sont présentées, il a harmonisé les conditions avec les intérêts et les aspirations de ses compatriotes et, sans utiliser d'ascenseur, il a atteint le dôme du temple.

« Les lois du travail, comme les lois foncières, sont basées sur l'égoisme éclairé du peuple dans sa capacité organisée, l'idée étant, non pas que tout le monde puisse, mais que chacun doit gagner sa propre vie – doit être producteur et pas un pauvre, un contribuable et pas un vagabond. C'est ça la démocratie.

« Les gens ne sont pas retenus, mais ils ont la possibilité de se conserver eux-mêmes ; ils ne reçoivent pas d'aide à titre de charité, mais ils ont le droit, en tant que droit, de gagner, d'avoir et de contribuer au bien-être général du pays.

« En Zelania, le sol est une base de richesse ; le capital et le travail sont les facteurs actifs, et la société, pour le bien de tous, propose que ces facteurs poursuivent pacifiquement l'entreprise commune de production, selon les préceptes de la justice et de l'humanité.

« C'est égoïste, bien sûr. Le capital doit être sécurisé et l'industrie doit nécessairement faire bouger ses roues infatigables. Alors la société dans son ensemble, ayant un intérêt dans chacun de ses membres et un intérêt dans les bénéfices, doit être l'arbitre de tous les conflits du travail, et les parties intéressées, étant des membres loyaux du pacte social, doivent obéir aux volonté publique. »

Eh bien, ça vaut la peine d'être embaumé !

Ils ont dénombré les gens. S'il est élevé ou faible,
cela ne valait pas la peine de le demander ; assez pour savoir que chacun avait des désirs ; et, pour que tous puissent vivre, ceux qui recevaient devaient donner volontairement. Alors ils s'efforçaient, par amour et non par haine, de bâtir pour toujours cet État sans égal ; car ils savaient qu'un temple ne pouvait pas durer, qui enrichissait le baron et écrasait les pauvres.


« La société, continua le sage, composée de cellules industrielles, a besoin de la sécurité de chaque shilling, du service de chaque membre et de la coopération pacifique de tous les facteurs de chaque entreprise industrielle, et comme elle ne l'a pas encore fait. Si nous n'avons pas déterminé quelle part de nos « droits naturels » imaginaires nous pouvons être appelés à céder pour le bien général, la décision sans passion de la volonté publique doit, pour le moment du moins, être le seul guide.

« Sous l' *égide bienveillante* d'une règle portant la longue légende « Loi sur la conciliation et l'arbitrage industriels », repose sereinement la sécurité industrielle la plus parfaite connue dans ce monde mécontent. Les lois du travail de Zelania sont peut-être « expérimentales », mais elles sont nées de l'âme de la conscience publique, elles ont été façonnées par le désir d'assurer une justice impartiale et, pendant de nombreuses années, elles ont apporté un certain degré de paix industrielle, de stabilité et de prospérité. , qui a gagné la faveur de la citoyenneté en général, et qui suscite maintenant la surprise et gagne l'admiration du monde.

« Alors, pour couronner le tout, mes enfants, » dit M. Oseba, « de toutes les mesures jamais calculées pour confirmer les prétentions du Maître quant à la « fraternité » de l'homme, il a été ordonné en Zelania que, sous un régime libéral, dispositions, toute personne âgée de plus de soixante-cinq ans a droit à une pension viagère.»

En harmonie avec d'autres lois libérales, le soutien à ces mesures a été demandé, informe Oseba à son peuple, non par charité, mais par justice, car il semble avoir été considéré qu'en tant que membres d'une communauté industrielle, toutes les personnes dignes étaient censées avoir eu droit à gagner sa vie, et que ceux qui se trouvaient indigents à cet âge, soit avaient connu le malheur, soit n'avaient pas reçu un juste équivalent pour leur contribution à la richesse publique. Là, il semble être reconnu que le monde doit, à tous les hommes, gagner sa vie, et que ces pensions sont des avances faites à ceux qui n'ont pas réussi à « percevoir » ce qui leur était dû. Plutôt nouveau. [G]

Un sentiment public qui, au-dessus de la souillure de la charité, imprègne les souverains de son « respect pour une vieillesse digne », qui peut être « exigé comme un droit » par ceux qui le méritent, se situe aussi loin au-dessus du discours pieux des autres pays – que la philosophie se tient au-dessus de la superstition.

L'indolence, la pauvreté, le chagrin et le besoin sont communs à la société humaine, et la bienveillance et la charité ont été saluées comme des vertus salvatrices depuis de nombreux siècles ; mais ici, où de nouvelles idées semblent surgir spontanément, est apparue une notion nouvelle : le monde est si proche que le fait même d'une personne ayant pris la peine de naître, de se comporter plutôt bien, de flotter jusqu'à Zelania au moment opportun et pour exister pendant soixante-cinq ans, lui donne à juste titre droit à 18 £ de « respect » annuel.

« C'est vraiment nouveau », dit M. Oseba, « et cette notion, dans ses conceptions de relation humaine, de devoir social et de responsabilité morale, est plus noble que tous les sermons – sauf un – jamais prêchés sur ce petit globe.

« RJ Seddon n'est pas un saint ; On me dit, mes enfants, qu'il se met en colère, qu'il tempête et qu'il peut utiliser des gros mots, mais aucun poète, prêtre ou philanthrope n'a jamais émis de pensées plus nobles que lui, dans sa défense de cette mesure progressiste. Seul le rêveur peut se rendre compte de la grandeur morale d'une grande portée, non pas de la mesure elle-même, mais du sentiment élevé sur lequel elle est basée – et le Premier ministre prétendait parler « au nom du peuple ».

« Considérant le retard général des Outeroos dans la rupture des vieilles traditions et surtout dans le sens d'une plus grande reconnaissance de la fraternité humaine, ou des droits de l'individu en tant qu'unité de la société, les Zelaniens ont une autre règle, encore plus surprenante, comme vous le constaterez. voyez-vous, car ce n'est pas seulement le fruit d'un sentiment ou d'une idée, aussi nouvelle dans sa noblesse de conception que celle sur laquelle s'est développée la pension de vieillesse, mais c'est une rupture si radicale par rapport aux vieilles coutumes britanniques, qu'elle surprend un étudiant avec ses exigences audacieuses.

« Dans les pays les plus anciens, le désir, ainsi que la coutume, est d'ériger des fortunes imposantes et de perpétuer des familles riches et puissantes — bien que beaucoup de leurs semblables luttent pour mener une vie misérable dans la pauvreté ; mais en Zelania, si une personne qui envisage une « retraite » permanente s'efforce, par testament ou par « dernier testament », de laisser tous ses biens au « garçon à tête blanche », ou ne parvient pas à subvenir aux besoins du « garçon à tête blanche », selon ses moyens. l'entretien et le soutien adéquats » de l'une de ses personnes à sa charge, les tribunaux « peuvent revenir sur les déclarations », enquêter sur l'affaire, annuler pratiquement « ledit testament » et prendre les dispositions qui « paraissent appropriées », selon les exigences de une justice à mains nues.

« Zelania reconnaît chaque personne comme partie intégrante du groupe social, avec des droits et des devoirs réciproques. Un individu peut prier avec la communauté, s'en prendre à elle et acquérir « beaucoup de richesses », et, en tant que gardien légal de ce « lucre », il dispose d'une latitude considérable ; mais, en fait, il n'est qu'un fiduciaire, et lorsqu'il laisse son argent dans ce monde - de peur qu'il ne fonde - il ne lui est permis de priver aucun de ses dépendants qui resteraient pendant un certain temps comme membres de la communauté, de toute « consolation » pour son départ. [H]

« Contrairement aux idées générales des barbares extérieurs, la législation avancée de Zelania n'est pas le résultat d'un tempérament erratique, mais d'une pensée avancée, d'une conception plus noble du devoir humain et d'un idéal plus élevé de progrès social.

« Zelania en tant qu'entité sociale n'est pas un empire dominant. Elle ne désigne aucune tradition glorieuse, aucune rivière de sang, aucune splendeur ancienne avec des aqueducs en ruine, des colonnes tombées ou des temples recouverts de lierre ; pas de captifs enchaînés ni d'universités couvertes de mousse, où hulule le hibou à capuchon ; mais représentant une nouvelle phase d'aspiration intellectuelle, ses hommes d'État robustes ont planté l'étendard du progrès social au-delà des rêves des autres pays, et ils ont fait d'elle l'endroit le plus intéressant, le plus plein d'espoir et, socialement, le plus visible du vaste monde. surface d'Oliffa.

Éloquent dans son récit, M. Oseba a clôturé ce sujet :—

« Le temps arrive précipitamment, mes enfants, où les statues des hommes d'État zélaniens qui ont poussé à leur pleine réalisation les nobles principes pour lesquels l'humanité a vainement lutté depuis d'innombrables siècles, orneront les niches, les galeries et les places les plus populaires de les centres les plus civilisés du monde.

## QUELQUES SORTIES AGRÉABLES.

Ici, M. Oseba prend une tangente agréable et nous amène à la conclusion qu'une visite de Zelania est une escapade d'un plaisir sans égal ; si plein de changements, de variété et d'incidents surprenants, que la curiosité vous fouette, et la vigueur physique s'améliore si rapidement qu'elle bannit toute pensée de lassitude. Lors de ces voyages, la bonne santé est en fait « contagieuse » et l'appétit arrive toujours avant l'heure du repas.

Il décrit avec des détails intéressants la facilité, la sécurité et le confort, ainsi que l'hilarité joyeuse, de ces girations kaléidoscopiques, et avec quelle facilité, avec un mot et un télégramme de M. TE Donne, le directeur touristique franc et compétent, on peut trouver le chemin des scènes les plus nobles.

« Ce temps ne pèsera peut-être pas trop lourd sur les baigneurs du printemps, des millions de poissons – meilleurs que ceux que Pierre n'a jamais pêchés dans la mer de Galilée – attendent dans de nombreux lacs la mouche tentante, et si l'on se lasse de grimper les glaciers du Sud, les bois sont pleins de cerfs élaphes et autres gibiers agiles, attendant de lui offrir un sport plus sauvage.

*Une tête de cerf*

« Quant au climat, j'en conclus qu'on peut choisir cela comme on choisit ses boissons, car on peut avoir du soleil ou une averse, un glacier glacial ou une vallée brûlante, des lacs gelés ou bouillants, simplement en ouvrant ou en fermant un nouveau chemin. Le temps est « presque toujours » beau, et comme on peut éviter une tempête en allant à la pêche au lieu de faire de l'alpinisme, ou une vague de chaleur en traquant des cerfs au lieu de chasser des geysers ou des jeunes filles maories, le mauvais temps ne vaut pas la peine d'en parler.

Puis il tourne le globe et montre que Zelania se trouve dans l'hémisphère sud, et il s'attend à ce que dès que ses découvertes seront connues, plusieurs milliers de personnes - pour éviter les hivers rigoureux et froids de l'Europe et de l'Amérique - passeront une saison d'éternité. le printemps parmi ces scènes romantiques. Ici, M. Oseba devient éloquent. Je cite:-

« De même que la nature, à mains nues, par ses attraits presque infinis, a donné une fessée au sauvage sauvage de Zelania pour en faire un politicien éloquent, ainsi elle améliore chaque animal lâché sur son sein palpitant. Apportez un petit lapin affamé à Zelania – eh bien, il ne se transforme pas en tigre le même après-midi, mais il commence bientôt à faire des affaires et, en peu de temps, il met le « seigneur de la création » sur la défensive – car il le dévore.


« La progéniture de chaque animal, de chaque oiseau, de chaque poisson de lac, de ruisseau ou de rivière, amenée à Zelania, s'améliore considérablement en taille et en beauté en très peu de temps. Eh bien, il en va de même pour les gens.

### ENCORE ZELANIA.

Encore ton visage, Sapho, même si tu as gagné la couronne,
La lune est haute, reviens, rions jusqu'à ce qu'elle descende.

Les notes de Léo Bergin ne constatent aucun signe de lassitude, ni de la part du public ni de l'orateur. Les séances avaient été prolongées, mais un intérêt joyeux et très intelligent semblait avoir été conservé tout au long, et les scènes finales de la revue de Zelania avaient presque éveillé l'enthousiasme. Le rideau avait été baissé pour un bref entracte, et comme on savait que le dernier acte allait maintenant être joué, toute l'inquiétude et la fraîcheur d'une nouvelle séance se manifestaient dans l'assistance.

Les lanternes avaient été enlevées, et il était évident que les conclusions de ces travaux uniques étaient très proches. Les notes disent : -

"Oseba s'est levé, et lorsqu'il s'est dirigé vers la rampe et a indiqué qu'il était prêt à continuer, il a été accueilli par des applaudissements qui convenaient bien à un public de Boston pour l'apparition d'un Webster."

Ici, la poétesse Vauline, s'excusant de l'interruption si tardive des débats, osa demander par quel raisonnement le sage Oseba était arrivé à ses conclusions selon lesquelles les Anglo-Saxons étaient destinés à une suprématie universelle, et pourquoi les Zélaniens devraient le faire. désormais considérés comme les porte-flambeau des âges futurs ?

Avec un sourire d'approbation, M. Oseba répondit :

« La question est d'actualité et importante. Suivant les lois du progrès naturel jusqu'à un certain point, la survie dépend en grande partie de l'épaisseur de la peau et de la longueur des griffes, mais, au-delà de ce point, c'est une question de matière grise, et l'Anglo-Saxon a un cerveau en sa tête. Eh bien, les Zélaniens constituent une escouade d'élite sur la ligne d'escarmouche des légions anglo-saxonnes.

Ici encore, je « résume » et je note mes propres conclusions à partir de l'argument de M. Oseba : -

L'intellect anglo-saxon est le produit de plus de 1 400 ans de vicissitudes sans précédent et, de par sa vertu inhérente, il possède une force irrésistible. Le progrès est une question de développement intellectuel, de susceptibilité, d'adaptabilité et d'adaptabilité d'un peuple, et dans la constitution de ce cerveau racial se retrouvent tous ces traits dans leur pleine mesure. En outre, on retrouve dans le caractère anglo-saxon une solide sincérité et un amour de la justice, qui inspirent un respect et une confiance irrésistibles. C'est une question de cerveau, d'idéal.

Les idéaux de l'Assyrie, de la Perse et de la Babylonie étaient l'Empire – la conquête militaire, et nous voyons passer sur la scène mais la splendeur royale et, en arrière-plan, les dieux qui fouettaient le peuple – s'il y en avait – pour l'amener à une obéissance loyale.

L'idéal de l'Égypte était la pérennité – éterniser les œuvres des rois – fondé sur une idée religieuse, et elle érigea les Pyramides, qui restent aujourd'hui la merveille des merveilles du monde.

L'idéal de la Phénicie était le commerce, et le navire était le type de son rêve réalisé. Ici, la ville était plus grande que l'empire, et le marchand était plus grand que le roi.

L'idéal de la Grèce était la beauté – puis la beauté personnelle – dans la forme et le caractère. C'est sous le règne de cet idéal que furent réalisées ses plus nobles réalisations. Mais le cerveau grec était erratique ; les héros grecs furent bientôt divinisés. L'artiste est venu, et quand la statue de marbre est devenue l'idéal et aussi l'idole, le philosophe grec est devenu un sophiste, et la Grèce est devenue la proie d'une race plus pratique.

L'idéal de Rome était la puissance, la force et le glamour de la splendeur patricienne. Afin que les classes inférieures puissent lutter plus courageusement pour l'agrandissement de la ville sainte, elles étaient nourries de petits pains d'orge et flattées d'une liberté imaginaire, mais l'idéal de Rome était la force.

Les idéaux de Venise et de Gênes étaient la richesse, le luxe et l'art, et leurs palais et cathédrales – qui font toujours la merveille et l'admiration du monde – sont devenus leurs rêves réalisés ; mais il ne nous reste que cela et la folie du Doge.

L'idéal de l'Espagne — dans sa grandeur — était la splendeur royale, soutenue par l'autorité spirituelle, avec des colonies soumises pour fournir des lieux aux favoris et des revenus à l'État.

Les idéaux de la Grande-Bretagne étaient le commerce, l'usine, le magasin, le bateau et la « vieille famille » – pour occuper les places faciles. Mais ces idéaux britanniques développèrent l'entreprise individuelle, et on découvrit bientôt qu'en Grande-Bretagne il y avait des gens. À l'exception de quelques brèves périodes en Attique, de la chute d'Israël à la montée de la Grande-Bretagne, le *peuple* n'a que peu de place dans l'histoire.

L'idéal de l'Amérique, jusqu'au décès de Lincoln par exemple, était la liberté personnelle, et sous ce sentiment, elle a produit certains des personnages les plus nobles qui se soient jamais tenus debout et portaient l'image de Dieu. Mais les portes ont été fermées, des millions sont venus de loin, les sentiments antérieurs ont été pervertis, la grande richesse est devenue le motif principal et les dollars sont devenus l'idéal national.

Tous ces pays ont réussi, si les arguments de M. Oseba sont valables, à développer dans une certaine mesure le « motif principal » ou à réaliser l'idéal national.

« Eh bien, mes enfants, » dit Oseba, « la force de Zelania en tant que leader social réside également dans ses idéaux, et comme le bonheur et la prospérité éclatants d'un peuple sont la meilleure preuve d'un gouvernement bienveillant, l'appréciation de ses idéaux a ont prouvé leurs vertus utilitaires.

« Eh bien, par un exploit de gymnastique mentale, les Zélaniens ont choisi l'idéal le plus élevé possible, la Justice – l'intronisation de l'individu – et avec les instincts hérités de la race et un environnement des plus favorables, il fallait s'attendre à ce que, avec le maturation des aspirations de l'homme, l'humanité devrait trouver dans ces îles romantiques son type le plus élevé.


« Pour conclure, permettez-moi de rappeler brièvement quelques-uns des aspects les plus importants de mon argumentation sur ces thèmes des plus intéressants.

« Je vous ai rappelé, mes enfants, que la liberté n'a jamais remporté de victoire dans une nation ancienne, bien établie et riche.

« Je vous ai rappelé qu'avec une grande richesse et une grande population, les gens deviennent conservateurs, les dirigeants s'accrochent au pouvoir hérité, les riches craignent le changement et les masses, par habitude devenues loyales, la réforme est impossible – ou au mieux, les progrès sont vraiment lents.

« Je vous ai rappelé que le commerce est la base de la civilisation moderne, mais que seuls les habitants des zones riveraines sont devenus suffisamment commerçants pour influencer matériellement une partie considérable de l'humanité ; et je vous ai rappelé que ce n'est que grâce à l'entreprise coloniale des nations commerciales que les grands mouvements progressistes se sont poursuivis.

« En outre, je vous ai rappelé que ce n'est que dans les colonies, dans les communautés nouvelles et isolées, très éloignées de l'autorité centrale, où des conditions nouvelles exigent des méthodes nouvelles, que l'autonomie est nourrie, la liberté suscitée et le progrès social rendu possible.

« Et je vous ai également rappelé que de toutes les tribus, races ou nations qui ont jamais vécu à la surface de la terre, celles de Phénicie, de Grèce et de Grande-Bretagne étaient seules capables de rompre avec les coutumes héritées et d'affirmer leur liberté de culte. action, ou de s'adapter aux exigences d'un nouvel environnement de manière à développer un état de société matériellement différent de celui de l'ancien ordre de choses.

«En outre, je vous ai montré les avant-postes sociaux de toutes les nations, et combien il est improbable qu'elles puissent progresser davantage par leur propre force inhérente.

« Je vous ai également rappelé que le total ou l'ensemble des droits de l'homme est le même dans tous les États, quelle que soit leur forme ou leur population, que, comme la marge de manœuvre, les droits individuels diminuent à mesure que le nombre de participants augmente, et que de toutes choses un une grande population est la moins à désirer, et une surpopulation la plus à redouter.

« Mais Zelania occupe une position unique. Elle n'a pas de traditions, elle n'a pas de suzerain, pas de trusts organisés, pas de droits acquis sur des torts vétustes ; elle n'a pas de précédents dévastateurs, pas de monopoles millionnaires qui réclament des victimes, et ayant de la place pour plusieurs millions, elle peut attendre son heure, et si elle se soucie d'un plus grand nombre de personnes, elle peut faire sa propre sélection.

"Avec ses innombrables merveilles pour attirer le touriste, ses splendides opportunités d'industrie rentable et sa situation sociale plus merveilleuse pour attirer des milliers de chercheurs de nombreux pays, elle deviendra bientôt, avec une gestion sagace, la Mecque des riches oisifs du monde, et d'eux viendront les meilleurs de tous les « envahisseurs ».

« Mes enfants, avec tous ces faits splendides, je ne conseillerais pas à ceux qui ont les mains vides de se précipiter à Zelania, dans l'espoir d'y gagner facilement leur vie ; mais aucune personne à l'esprit curieux, aimant la nature, intéressée au progrès social de sa race et possédant des moyens modestes, ne devrait se permettre de quitter cette vie belle et intéressante sans visiter ce pays le plus charmant de tous. , ce modèle de bonheur social, ce paradis d'Oliffa.

"Beaucoup d'entre vous, mes enfants, après avoir lu mon rapport et médité plus profondément sur les plaisirs et les bénéfices du voyage et de l'observation, feront cette agréable visite, et si les habitants hospitaliers de Zelania rencontrent un endroit tranquille, digne et bien- étranger réglé, qui parle peu, mais voit et entend tout, qui s'enquiert sans critiquer, admire sans flatterie, prête librement à tous ses amis et paie lui-même ses factures, ils peuvent « deviner » que c'est un « gentleman » de « Symmes ». ' Trou.'

« Des mesures, mes enfants, dont le caractère choquerait la tendre sensibilité de ceux qui prétendent être les sauveurs de la société, ont justifié la sagesse des hommes d'État de Zelania – par l'applicabilité démontrée de ces mesures aux nécessités du progrès moderne.

« De tous les endroits à la surface d'Oliffa, cette Zelania est la plus charmante, et de tous les habitants de la surface d'Oliffa, ces Zelaniens ont fait le plus grand progrès social et occupent la position la plus favorisée pour une utilité future.

« Alors, avec tous ces avantages magistraux, avec un pays idéal, capable de nourrir plusieurs millions de personnes, elle tient – avec un petit nombre des meilleurs de la race – son propre destin entre ses mains.

« Alors, mes enfants, il y a de l'espoir pour le monde. Le génie a anéanti le temps et l'espace, le commerce a tellement mis l'humanité en contact que la lumière de l'inspiration peut venir de l'extérieur, et voyant le phare de loin, les opprimés de nombreuses nations se réveilleront et exigeront « un peu plus de lumière ».

Excellente idée, M. Oseba, digne du « Conte du poète », car même si le gardien de la tour tarde à l'apercevoir, son œil perçant en verra enfin l'éclat rougeoyant.

Avec foi, il a lutté pour la raison et le droit,
s'est retiré des ténèbres à la recherche de la lumière ; face au matin et regardant au loin, sur les horizons du sud, il aperçoit une nouvelle étoile et s'écrie : « Salut, Zelania ! bien que tu sois éloigné, accueille ta lumière qui brille sur la mer ; accueille ton drapeau déployé vers les cieux, le phare, le guide et l'espoir du monde.

*Route d'étape, gorge de Buller.*

« Zélanie est semblable à un autre prophète, enseignant du haut de la montagne. L'éclat de sa torche divine n'est pas d'un éclat intermittent, mais les rayons géniaux de sa lueur constante se répandent si bien sur toute la terre que les habitants de tous les pays peuvent bientôt le contempler, s'étonner, s'enquérir, puis imiter.

« Eh bien, mes enfants, les récits de mes étranges aventures sont presque contés. Le rideau va bientôt tomber, et tandis que les leçons de ces heureuses séances resteront dans nos mémoires comme de lointains souvenirs, les merveilles de ce pays enchanteur raviront et rempliront les âmes curieuses des hommes pour toujours – car le jour de Zelania est juste à l'aube. l'aube.

« Inspirée par un instinct hérité et guidée par le génie anglo-saxon, la civilisation a remporté plus de victoires depuis le couronnement de Victoria que pendant toutes les générations depuis « Saul de Tarse » jusqu'à Paul de Pretoria, et Zelania est à l'avant-garde de la grande force sociale progressiste destinée à éclairer le cerveau et à libérer les membres de l'humanité.

« Il est évident que l'aspiration, la langue et la civilisation anglo-saxonnes domineront le monde. Avec la réalisation de cet espoir, les intérêts commerciaux empêcheront la guerre ; le despotisme sera sifflé avec bonhomie sur la scène ; L'Europe sera commercialement unie ; la production et les échanges seront ajustés de manière à employer toutes les mains volontaires ; les arsenaux deviendront des usines ; les gros canons seront dressés comme des piliers dans les musées historiques ; les mousquets seront jetés dans des conduites de gaz, et les épées dans des cisailles à moutons, et les dieux mépriseront et souriront à la première génération d'hommes véritablement civilisés !

« Puis, à la réalisation de ces nobles desseins, lorsqu'un monument aura été érigé en l'honneur de ceux qui ont dirigé l'émancipation de l'humanité, sur la plus haute tablette du Temple de la Renommée Eternelle, et en lettres d'une splendeur impérissable, sera blasonné,—

' ZELANIA .'

# NOTES DE BAS DE PAGE

[A] Les montagnes remarquables, du côté est du lac Wakatipu, sur l'île du Sud.

[B] Loi sur les terres destinées à la colonisation.

[C] Au cours du XIXe siècle, l'usage courant de la langue anglaise a augmenté de plus de 500 pour cent, contre 150 pour cent. pour l'allemand, 102 pour l'italien et environ 66 pour le français et l'espagnol. C'est pratiquement le business et devient rapidement le langage « poli » du monde « civilisé ».

[D] Loi sur la conciliation et l'arbitrage industriels, 1900, avec modifications.

[E] Loi sur la responsabilité des employeurs, 1882, pratiquement remplacée par la loi sur l'indemnisation des accidents du travail, 1900.

[F] Loi sur l'assurance gouvernementale contre les accidents, 1899.

[G] Loi sur les pensions de vieillesse, 1898.

[H] Loi sur l'obligation alimentaire des testateurs.